高等职业教育汽车类教学改革成果教材

汽车装配与检测

主　编　邢　峰　杨　平
副主编　蔺朝莉　张振珠
参　编　胡一明　李　军
主　审　李若刚

机械工业出版社

本书内容以项目化教学方式编排，系统介绍了汽车装配工艺过程。针对汽车典型装配连接、汽车主要总成装配工艺、汽车总装配工艺、汽车性能检测四个学习领域，以项目引导教学内容的展开。教材中，各类汽车装配操作的案例、图片丰富，注重学生操作训练，注重产品加工制造过程规范训练，具有较好的项目教学操作性。

本书可作为高职高专汽车制造与装配技术专业教材，也可作为汽车类本科教育或工程技术人员学习、培训用书。

本书配有电子课件、教案、课程标准、试卷及答案3套、习题答案、二维码视频资源等，凡使用本书作为教材的教师可登录机械工业出版社教育服务网 www.cmpedu.com 免费下载。咨询电话：010-88379375。

图书在版编目（CIP）数据

汽车装配与检测/邢峰，杨平主编. —北京：机械工业出版社，2016.3（2025.1重印）
高等职业教育汽车类教学改革成果教材
ISBN 978-7-111-53667-3

Ⅰ.①汽… Ⅱ.①邢…②杨… Ⅲ.①汽车-装配（机械）-高等职业教育-教材②汽车-性能检测-高等职业教育-教材 Ⅳ.①U463②U472.9

中国版本图书馆 CIP 数据核字（2016）第 087330 号

机械工业出版社（北京市百万庄大街22号　邮政编码100037）
策划编辑：葛晓慧　　责任编辑：葛晓慧
责任印制：张　博　　责任校对：段凤敏
北京建宏印刷有限公司印刷
2025年1月第1版第13次印刷
184mm×260mm・10印张・240千字
标准书号：ISBN 978-7-111-53667-3
定价：29.00元

电话服务　　　　　　　　　　　网络服务
客服电话：010-88361066　　　　机　工　官　网：www.cmpbook.com
　　　　　010-88379833　　　　机　工　官　博：weibo.com/cmp1952
　　　　　010-68326294　　　　金　书　网：www.golden-book.com
封底无防伪标均为盗版　　　　　机工教育服务网：www.cmpedu.com

前　言

我国汽车产业经过几十年的发展，产销量已连年稳居世界第一。汽车产业总体保持稳定增长势头，一批有竞争力的汽车及汽车零部件制造企业已初具规模。我国汽车工业主要呈现以下几个方面的特点：产销再创新高，增速稳中有进；乘用车产销增长明显；汽车技术质量进步明显；重点企业市场集中度有所提升；新能源汽车产销增长较快；新工艺、新技术得到推广应用。

汽车产业的发展带来相关岗位技能型人才的大量需求。本书以岗位能力为核心，以技能培养为导向进行编排。本书分为汽车典型装配连接、汽车主要总成装配、汽车总装配工艺和汽车性能检测四个学习领域，包括汽车的典型装配连接、主要总成装配、总装配及汽车性能检测，学习者既可以掌握汽车典型装配连接过程，又可以把握汽车生产、装配的要求与操作。本书注重提升学习者在汽车制造装配方面技术能力的培养，又兼顾国内各类院校汽车制造方面实际实训条件的教学要求和学生培养的目标要求。

本书内容以项目化教学方式编排，系统介绍汽车装配工艺过程。教材内容组织上以实际任务为驱动，和汽车装调工、车铣工资格考试内容衔接，注重学生操作训练，注重汽车装配生产的实际过程训练，具有较好的项目教学操作性。

为贯彻党的二十大精神，加强教材建设，推进教育数字化，本书在动态修订过程中配套了视频资源，以二维码形式植入书中，视频可实现部件的三维旋转、剖切、拆分等效果，学生可直接扫码观看；为了方便教师教学和学生学习，本书还配套了教案、课程设计、电子课件、试卷及答案、习题答案等资源。

本书由重庆工商职业学院、重庆电子工程学院、重庆工程职业技术学院和重庆耐德工业集团相关人员合作编写。其中，重庆工商职业学院邢峰副教授任主编，并编写了学习领域一的内容；杨平任主编，并编写了学习领域二的内容；重庆电子工程学院蔺朝莉任副主编，并编写了学习领域三的内容；重庆工程职业技术学院张振珠任副主编，并编写了学习领域四的内容。重庆大学博士胡一明和重庆工商职业学院教师李军参加了部分内容的编写。全书由重庆耐德工业集团李若刚高级工程师担任主审。

本书编写过程中得到了汽车及零部件制造企业和众多同行的支持，并提出了不少好的建议，在此表示衷心的感谢！在编写过程中，编者参阅了大量的文献资料和专著，借鉴了不少宝贵的资料。在此，也向本书参考、借鉴资料的原作者致以衷心的感谢！

鉴于编者水平有限，书中难免有不妥或错误之处，敬请广大读者批评指正。

编　者

二维码索引

序号	名称	图形	页码	序号	名称	图形	页码
1	螺纹的连接装配		17	11	活塞连杆组件的装配		51
2	弹性挡圈钳		22	12	活塞连杆的安装		51
3	键的装配		22	13	曲轴总成零部件的装配		53
4	销的装配		23	14	气门的装配		55
5	滚动轴承的结构		27	15	凸轮轴的安装		56
6	不可分离型滚动轴承的装配		29	16	正时传动带总成的安装		58
7	O形密封圈的装配		33	17	手动变速器的总成装配		70
8	密封垫的装配		37	18	整车外观检测		118
9	发动机总装		45	19	汽车排放污染		127
10	气缸盖和气缸衬垫的安装		50	20	汽车前照灯检测		141

目　　录

前言
二维码索引
学习领域一　汽车典型装配连接 …………… 1
　模块一　装配工艺基础 ………………… 2
　　项目一　装配工艺过程 ………………… 2
　　　任务一　了解装配工作 ………………… 2
　　　任务二　了解装配工艺过程 …………… 4
　　　任务三　制订锥齿轮轴组件装配工艺
　　　　　　　规程 ………………………… 7
　　　任务四　保证装配精度的装配方法 …… 8
　　项目二　装配"5S"操作规范 …………… 13
　　　任务一　了解"5S"活动 ……………… 13
　　　任务二　"5S"活动的实施 …………… 15
　　　复习思考题 ………………………………… 16
　模块二　固定连接装配 ………………… 17
　　项目一　螺纹连接装配 ………………… 17
　　　任务一　螺纹连接工艺介绍 …………… 17
　　　任务二　螺纹连接防松装置介绍 ……… 18
　　项目二　挡圈、销、键的装配 ………… 21
　　　任务一　弹性挡圈装配 ………………… 21
　　　任务二　键的装配 ……………………… 22
　　　任务三　销的装配 ……………………… 23
　　　任务四　制订固定连接组件的装配工艺
　　　　　　　规程 ………………………… 24
　　　复习思考题 ………………………………… 26
　模块三　滚动轴承、密封件的装配 …… 27
　　项目一　滚动轴承的装配 ……………… 27
　　　任务一　滚动轴承装配前的准备 ……… 27
　　　任务二　圆柱孔滚动轴承的装配 ……… 28
　　　任务三　圆锥孔滚动轴承的装配 ……… 30
　　　任务四　制订滚动轴承装配工艺
　　　　　　　过程 ………………………… 31
　　项目二　密封件的装配 ………………… 33
　　　任务一　O形密封圈的装配 …………… 33
　　　任务二　油封的装配 …………………… 35

　　　任务三　密封垫的装配 ………………… 37
　　　复习思考题 ………………………………… 38
　模块四　传动机构的装配 ……………… 39
　　项目一　齿轮传动机构的装配 ………… 39
　　　任务一　齿轮的校准 …………………… 39
　　　任务二　调整齿侧间隙 ………………… 40
　　项目二　同步带传动机构的装配 ……… 41
　　　任务一　同步带的装配 ………………… 42
　　　任务二　同步带的张紧 ………………… 42
　　　复习思考题 ………………………………… 43
**学习领域二　汽车主要总成装配
　　　　　　　工艺** ……………………… 44
　模块五　汽车发动机装配工艺 ………… 45
　　项目　汽油发动机装配 ………………… 45
　　　任务一　发动机总成的装配 …………… 45
　　　任务二　曲柄连杆机构的装配 ………… 50
　　　任务三　配气机构的装配 ……………… 55
　　　任务四　汽油机燃料供给系统的
　　　　　　　装配 ………………………… 59
　　　任务五　润滑系统的装配 ……………… 61
　　　任务六　冷却系统的装配 ……………… 64
　　　任务七　点火系统的装配 ……………… 66
　　　复习思考题 ………………………………… 67
　模块六　汽车变速器装配工艺 ………… 68
　　项目一　手动变速器装配 ……………… 68
　　　任务一　手动变速器在整车上的
　　　　　　　装配 ………………………… 68
　　　任务二　手动变速器总成的装配 ……… 70
　　项目二　自动变速器装配工艺 ………… 71
　　　任务一　自动变速器在整车上的
　　　　　　　装配 ………………………… 72
　　　任务二　自动变速器总成的装配
　　　　　　　工艺 ………………………… 73
　　　复习思考题 ………………………………… 76

模块七　汽车车桥装配工艺 …… 77
项目一　汽车车桥装配 …… 77
　　任务一　前桥的装配 …… 77
　　任务二　后桥的装配 …… 80
项目二　汽车主减速器装配 …… 81
　　复习思考题 …… 87

学习领域三　汽车总装配工艺 …… 88
模块八　汽车装配技术 …… 89
项目一　装配工艺现状及发展趋势 …… 89
　　任务一　汽车装配技术发展趋势 …… 89
　　任务二　装配工艺装备发展趋势 …… 90
项目二　整车装配工艺装备概况 …… 91
　　任务一　整车装配工艺装备特点 …… 92
　　任务二　整车装配技术要求及注意事项 …… 94
　　任务三　整车装配工艺的原则与步骤 …… 95
　　任务四　装配生产线工艺流程 …… 97
　　复习思考题 …… 99
模块九　汽车内饰装配 …… 100
项目一　内饰装配工艺流程制订 …… 100
项目二　轿车内饰装配 …… 102
　　复习思考题 …… 105
模块十　整车装配 …… 106
项目一　发动机装配 …… 106
项目二　轿车底盘装配 …… 109
项目三　货车装配 …… 113
　　复习思考题 …… 116

学习领域四　汽车性能检测 …… 117
模块十一　整车外观检查 …… 118
项目一　汽车外观检测步骤 …… 118
项目二　汽车外观检验技术要求 …… 119
　　复习思考题 …… 123
模块十二　发动机检测 …… 124
项目一　发动机调整及电喷控制系统检测 …… 124
项目二　汽车排放检测 …… 127
　　任务一　汽车排放污染物的形成及危害 …… 127
　　任务二　汽油车排气污染物的检测 …… 129
　　任务三　柴油车排气污染物的检测 …… 129
　　复习思考题 …… 130
模块十三　底盘检测 …… 131
项目一　底盘检测与调整 …… 131
项目二　车轮定位检测 …… 134
项目三　汽车侧滑检测 …… 135
项目四　制动性能检测 …… 137
　　复习思考题 …… 140
模块十四　灯光与电器检测 …… 141
项目一　前照灯检测 …… 141
项目二　灯光指示与电器检测 …… 144
　　复习思考题 …… 146
模块十五　汽车淋雨检测与路试 …… 147
项目一　汽车淋雨检测 …… 147
项目二　汽车路试 …… 149
　　任务一　了解汽车路试 …… 150
　　任务二　汽车路试 …… 152
　　复习思考题 …… 153

参考文献 …… 154

学习领域一　　汽车典型装配连接

　　汽车是由数万个零件相互协调、配合组成的复杂机器。根据规定的装配精度要求，将零件结合成组件和部件，并进一步将零件、组件和部件结合成机器的过程称为装配，也就是使各种零件、组件或部件总成具有规定的相互位置关系的工艺过程。零件与零件的组合过程称为组装，其成品为组件；零件与组件的组合过程称为部装，其成品为部件；零件、组件和部件的组合过程称为总装，其成品为机器或产品。

　　零件是用机械加工的方法制造而成的，这些零件最终通过某种连接技术装配成机器而发挥其作用。装配通常是产品生产过程中的最后一个阶段，其目的是根据产品设计要求和标准，使产品达到相应的规格、性能和使用要求。零件的装配涉及许多装配操作，如零件的准确定位、零件的紧固、固定前的调整和校准等，高质量的装配需要操作者具备丰富的经验。

模块一　装配工艺基础

项目一　装配工艺过程

项目目标
1. 了解装配工艺过程
2. 掌握装配工艺尺寸链的计算方法
3. 掌握装配工艺规程的基本要求

课前思考
汽车上有哪些部件是需要进行装配的？汽车及其零部件装配有什么特点？装配工艺会对汽车质量产生什么影响？

项目内容

任务一　了解装配工作

任务描述
本任务要求对装配件的结构、装配操作内容、装配工作组织形式、装配原则等有一个概念性的了解，了解装配工作的基本内容和要求。

学习引导
工业时代初期，为了能够进行装配，零件需要专门进行加工，生产效率非常低。19世纪初期，人们开始要求同一种零件之间具有互换性。20世纪初期，人们又提出了"公差"的概念，利用尺寸、形状及位置公差，使得零件的互换性得到了充分保证，零件生产和装配工作可以在不同地点或不同工厂进行。"装配线"工艺对推动工业发展起到了重要作用，保证了在不同的地点生产的零件以物流供给的方式集中在一个地方，再进行最终产品的装配。

1. 装配件的结构

一个好的装配产品的结构应满足下列要求：
1）产品零件可以互换，并尽量多地采用标准件。
2）连接的零件数量少。
3）重量轻、体积小，结构简单。
4）各部件可以单独检测。

5) 客户特殊要求的零部件最后装配。

2. 装配操作

装配操作可以分为主要操作和次要操作。主要操作是可以直接产生产品附加值的操作；除主要操作以外的其他操作属于次要操作。主要操作和次要操作的区别在于装配中的目的和作用不同，都是不可缺少的。

主要操作包括：安装、连接、调整、检验和测试等。

次要操作包括：储藏、运输、清洗、包装等。

3. 装配工作组织形式

装配工作的组织形式根据生产类型和产品复杂程度而有所不同，可分为以下四类。

(1) 单件生产的装配　单件生产是指单个地制造不同结构的产品，产品很少重复或完全不重复的生产方式。单件生产装配工作多在固定的地点，由一个工人或一组工人，从开始到结束进行全部装配工作，如汽车生产线的装配等。这种组织形式装配周期长，占地面积大，需要大量的工具和设备，并要求工人具有较全面的技能。

(2) 成批生产的装配　成批生产是指在一定的时期内，成批制造相同产品的生产方式。成批生产的装配通常分为部件装配和总装配，每个部件由一个或一组工人来完成，然后进行总装配，如汽车试生产的装配。

(3) 大量生产的装配　汽车总装配一般属于大量生产的装配。大量生产指产品制造数量庞大，每个工作地点重复完成某一工序，并具有严格的节奏的生产方式。大量生产中，产品装配过程划分为部件、组件装配，某一工序只由一个或一组工人完成。工作对象（部件或组件）在装配过程中，有顺序地由一个或一组工人转移给另一个或另一组工人，这种转移可以是装配对象的转移，也可以是工人移动，这种装配组织形式称为流水装配法。为了保证装配工作的连续性，在装配线所有工作位置上完成某一工序的时间都应相等或互成倍数。在大量生产中，广泛采用互换性原则，使装配工作工序化，因此装配质量好、效率高、生产成本低，是一种先进的装配组织形式。

(4) 现场装配　现场装配有两种，一种是在现场进行部分制造、调整和装配，另一种是某些零部件与其他现场设备有直接关系，必须在工作现场进行装配。如减速器与电动机之间联轴器的现场校准，以及减速器与执行元件之间联轴器的现场校准。

4. 装配时必须考虑的因素

将机械零部件按设计要求装配时，需要考虑以下影响，以制订合理的装配工艺：

1) 零件尺寸大小对装配工艺的影响。
2) 产品零部件数量对装配过程的影响。
3) 装配精度要求对装配过程的影响。
4) 装配可操作性对装配过程的影响。
5) 产品零件的运动对装配过程的影响。

5. 装配的一般原则

为了保证装配质量，必须遵循以下原则：

1) 仔细阅读装配图和装配说明书，明确装配技术要求。
2) 熟悉各零部件在产品中的功能。
3) 确保零部件和装配工具清洁。

4）防止脏物或异物进入装配的产品内。
5）根据安装标记进行装配。
6）使用符合要求的紧固件进行紧固。
7）根据装配要求使用合适的装配工具。
8）装配过程中，应及时进行检查、测量。

任务二　了解装配工艺过程

任务描述

本任务要求了解装配工艺的四个过程，能够划分装配工序和工步，能够制订装配程序和装配工艺规程。

学习引导

1. 产品装配工艺的四个过程

（1）准备工作　准备工作在正式装配前完成，包括资料的阅读和装配工具与设备的准备等。充分的准备可以避免装配时出错，缩短装配时间，提高装配质量和效率。准备工作包括以下内容：

1）熟悉产品装配图、工艺文件和技术要求，了解产品结构、零件作用及相互连接关系。
2）检查资料与零件是否齐全。
3）确定正确的装配方法和顺序。
4）准备装配所需的工具与设备。
5）整理工作场地，对零件、工具进行清洗，归类放置零部件，调整好装配平台。
6）采取安全措施。

准备工作的具体内容与装配任务有关。

（2）装配工作　结构复杂的产品，其装配工作一般分为部件装配和总装配。需要注意的是，只有合格的零件才能运用连接、校准、防松等技术进行装配。

（3）调整、精度检验和试车　调整工作是指调节零件或机构的相互位置、配合间隙、结合程度等，使机构或机器工作协调。如轴承间隙、蜗轮轴向位置的调整。

精度检验包括检验几何精度和工作精度等是否符合要求。

试车是试验机构或机器运转的灵活性、振动、工作温升、噪声、转速、功率等性能是否符合要求。

（4）喷漆、涂油、装箱　为了使产品美观、防锈和便于运输，需要做好喷漆、涂油、装箱等工作。

2. 装配程序的确定

汽车装配涉及许多装配操作，如零件的准确定位、零件的紧固、固定前的调整和校准等，这些操作必须以一个合理的顺序进行，就是装配程序。合理的装配顺序在很大程度上取决于产品的结构、零件在产品中所起的作用、零件间的相互关系和零件的数量。

合理的装配顺序一般是：首先选择装配基准件，它是最先进入装配的零件，多为汽车车身、车架、发动机缸体等；然后根据装配结构的具体情况和零件之间的连接关系，按先下后上、先内后外、先难后易、先重后轻、先精密后一般的原则确定其他零件或组件的装配顺序。

3. 装配工序及工步的划分

通常将整台机器或部件的装配工作分成装配工序和装配工步顺序进行。由一个工人或一组工人在不更换设备或地点的情况下完成的装配工作，称为装配工序。用同一工具，不改变工作方法，并在固定的位置上连续完成的装配工作，称为装配工步。一个装配工序可包括一个或几个装配工步，部件装配和总装配由一系列装配工序组成。

4. 装配工艺规程

装配工艺规程是规定产品或零部件装配工艺过程和操作方法等的工艺文件。合理的工艺规程，有利于生产有条理地进行，合理使用劳动力和工艺设备，降低成本，提高劳动生产率。

（1）装配单元　装配单元是装配中可以进行独立装配的部分。装配时，将产品分解成独立装配的部件或组件，以组织装配流水线。编制装配工艺规程时，要将产品划分为若干个装配单元。

（2）装配基准件　最先进入装配的零件称为装配基准件。它可以是一个零件，也可以是最低一级的装配单元组件。

（3）装配单元系统图　表示产品装配单元的划分及其装配顺序的图称为装配单元系统图。图1-1所示为锥齿轮轴组件装配图，它的装配顺序可按图1-2所示顺序进行，图1-3所示为其装配单元系统图。

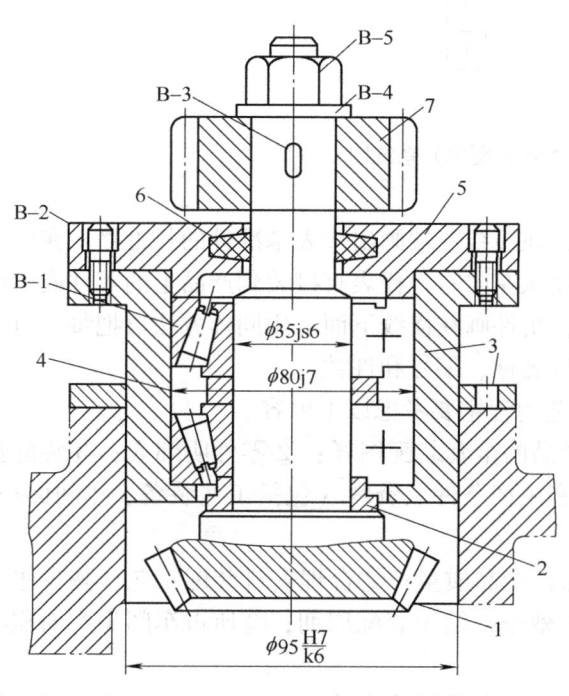

图1-1　锥齿轮轴组件装配图
1—锥齿轮轴　2—衬垫　3—轴承套　4—隔圈
5—轴承盖　6—毛毡圈　7—圆柱齿轮
B-1—轴承　B-2—螺钉　B-3—键
B-4—垫圈　B-5—螺母

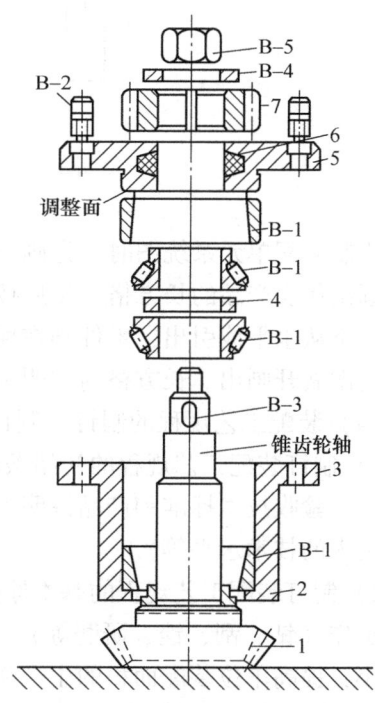

图1-2　锥齿轮轴组件装配顺序
1—锥齿轮轴　2—衬垫　3—轴承套　4—隔圈
5—轴承盖　6—毛毡圈　7—圆柱齿轮
B-1—轴承　B-2—螺钉　B-3—键
B-4—垫圈　B-5—螺母

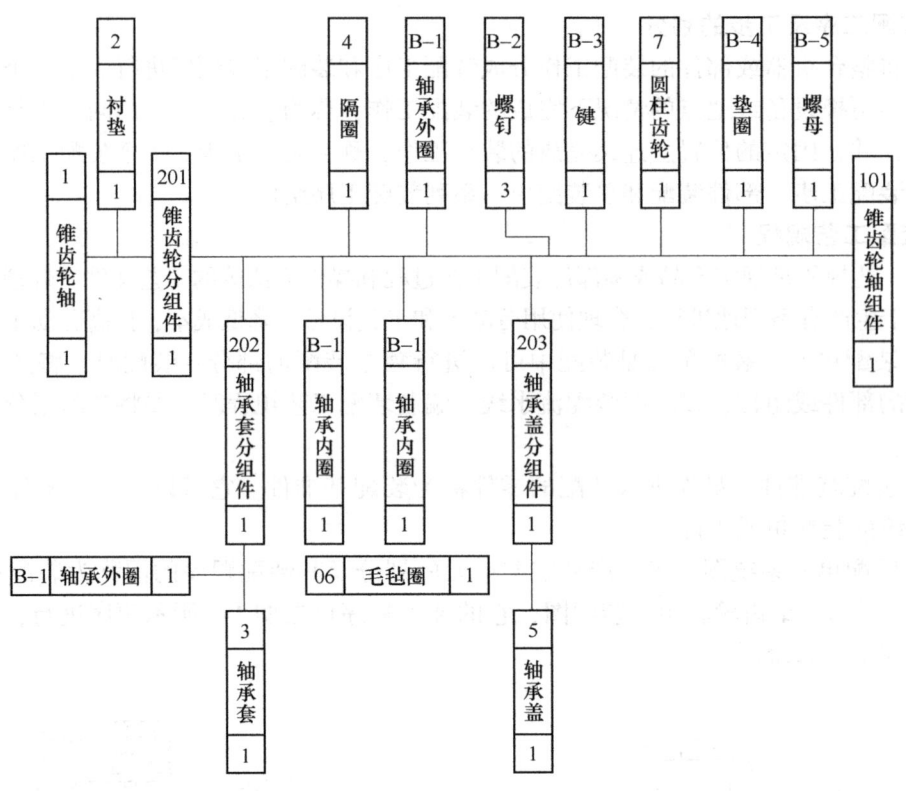

图1-3 锥齿轮轴组件装配单元系统图

绘制装配单元系统图时，先画一条横线，在横线左端画出代表基准件的长方格，在横线右端画出代表产品的长方格。然后按装配顺序从左向右将代表直接装到产品上的零件或组件的长方格从水平线引出，零件画在横线上面，组件画在横线下面。用同样方法可把每一组件的系统图展开画出。长方格内注明零件或组件名称、编号和件数。

（4）装配工艺规程的制订　制订装配工艺规程主要考虑以下内容。

1）制订装配工艺规程的初始条件：①产品的全套装配图样；②零件明细表；③装配技术要求、验收技术标准和产品说明书；④现有生产条件及资料（包括工艺装备、车间面积、操作工人的技术水平等）。

2）制订装配工艺规程的基本原则：①保证产品质量；②合理安排装配工艺，减少钳工装配工作（钻、刮、锉、研磨等），提高装配效率，缩短装配周期；③所占车间生产面积尽可能小，提高单位装配面积的生产率。

3）制订装配工艺规程的步骤：①读懂产品装配图及验收技术标准；②确定产品或部件的装配方法；③分解产品为装配单元，规定合理的装配顺序；④确定装配工序内容、装配规范及工、夹具；⑤编制装配工艺系统图。装配工艺系统图是在装配单元系统图上加注必要的工艺说明（如焊接、配钻、攻螺纹、铰孔及检验等），较全面地反映装配单元的划分、装配顺序及方法；⑥确定工序的时间定额；⑦编制装配工艺卡片。

任务三　制订锥齿轮轴组件装配工艺规程

任务描述

本任务要求根据锥齿轮轴装配图样，制订如图 1-1 所示组件的装配工艺规程。

学习引导

根据装配工艺制订过程和要求，制订锥齿轮轴组件的装配工艺规程。其装配工艺规程见表 1-1。

表 1-1　锥齿轮轴组件装配工艺规程

操作步骤	标准操作	说　明
工作准备	熟悉任务	图样、零件清单、装配任务
	初检	检查文件和零件是否完备
	选择工、量具	压力机、塞尺、塑料锤、呆扳手、内六角扳手
	整理工作场地	选择并整理工作场地，备齐工具和材料
	清洗	确保零件及工具清洁
装配衬垫（2）	定位	将衬垫套装在锥齿轮轴上
装配毛毡圈（6）	定位	将已剪好的毛毡圈塞入轴承盖槽内
装配轴承（B-1）外圈	润滑	在配合面上涂润滑油
	压入	以轴承套为基准，将轴承外圈压入孔内至底面
装配轴承套（3）	定位	以锥齿轮轴组件为基准，将轴承套分组件套装在轴上
装配轴承（B-1）内圈	润滑	在配合面上涂润滑油
	压入	将轴承内圈压装在轴上，并紧贴衬垫（2）
装配隔圈（4）	定位	将隔圈（4）装在轴上
装配轴承（B-1）内圈	润滑	在配合面上涂上润滑油
	压入	将另一轴承内圈压装在轴上，直至与隔圈接触
装配轴承（B-1）外圈	润滑	在轴承外圈涂油
	压入	将轴承外圈压至轴承套内
装配轴承盖（5）	定位	将轴承盖放置在轴承套上
	紧固	拧上 3 个螺钉（B-2）
	调整	调整端面的高度，使轴承间隙符合要求
	固定	用内六角扳手拧紧 3 个螺钉（B-2）
装配圆柱齿轮（7）	压入	将键（B-3）压入锥齿轮轴键槽内
	压入	将圆柱齿轮压至轴肩
	检查	用塞尺检查齿轮与轴肩的接触情况
	定位	套装垫圈（B-4）
	紧固	拧上螺母（B-5）
	固定	用扳手拧紧螺母（B-5）
检查	最后检查	检查锥齿轮转动的灵活性及轴向窜动

任务四　保证装配精度的装配方法

任务描述

本任务要求掌握并能够合理运用保证装配精度的四种装配方法，理解并能够用尺寸链原理解决装配精度问题。

学习引导

制造汽车时不仅要保证每个零件的加工精度，还要使零件能正确地进行装配，达到规定的装配精度。装配精度包括：零件或部件间的尺寸精度（如间隙和过盈值等）；零件或部件间的位置精度（如平行度、垂直度和同轴度等）；相对运动精度，即零件或部件在相对运动过程中保证其相对位置的准确度；以及各配合表面的接触精度等。

汽车的装配精度是由有关零件的加工精度以及对它们进行正确的装配（主要是指选择合理的装配方法）来保证的。汽车及其部件在制造中常用的保证装配精度的装配方法有：互换装配法、选择装配法、调整装配法和修配装配法。

1. 互换装配法

互换装配法是在装配时，各配合零件不经任何选择、修理或调整就可达到完全互换要求，把它们装配起来就能达到规定的装配精度。

互换法的实质就是用控制零件加工误差来保证装配精度的一种方法。它可以保证零部件互换性，便于组织零部件的专业化生产；容易解决备件的供应；装配工作简单、经济，生产率高；便于组织流水装配及自动化装配；对装配工人的技术水平要求不高，易于扩大再生产。互换法是保证装配精度的先进装配方法，广泛应用于汽车装配。在各种装配方法中，互换法是首选的方法，只有在加工精度无法保证的情况下才考虑选用其他方法。

采用互换法装配时，需要应用尺寸链原理解决装配精度问题。

（1）尺寸链的定义　在机器装配或零件加工过程中，由相互连接的尺寸形成封闭的尺寸组，称为尺寸链。

尺寸链中的每一个尺寸或位置公差，简称为环。尺寸链的环因其形成的特点不同，分为封闭环和组成环。封闭环是在装配或加工过程中间接获得的环，一个尺寸链中只有一个封闭环。组成环是对封闭环有影响的全部环，即尺寸链中除封闭环以外的环都是组成环。组成环分为增环和减环。某组成环的变动将引起尺寸链中封闭环的同向变动，则称该环为增环；某组成环的变动将引起尺寸链中封闭环的反向变动，则该组成环称为减环。

（2）尺寸链的性质

1）尺寸链的封闭性。尺寸链中的各尺寸按一定顺序排列最后形成一个封闭的图形。

2）尺寸链的关联性。尺寸链中任何一个尺寸的变化都会引起其他尺寸的变化。

3）尺寸链至少由三个或三个以上的尺寸组成。

（3）尺寸链的基本计算公式　汽车产品的互换装配中，一般采用极值法进行计算，相关计算公式如下：

1）公称尺寸计算：$A_0 = \sum_{i=1}^{m} \vec{A}_i - \sum_{i=1}^{n} \overleftarrow{A}_i$

式中，A_0 是封闭环基本尺寸；$\vec{A}_i$ 是增环基本尺寸；$\overleftarrow{A}_i$ 是减环基本尺寸；m 是增环个数；n 是减环个数。

2) 极限尺寸计算：$A_{0\max} = \sum\limits_{i=1}^{m} \vec{A}_{i\max} - \sum\limits_{i=1}^{n} \overleftarrow{A}_{i\min}$

$$A_{0\min} = \sum\limits_{i=1}^{m} \vec{A}_{i\min} - \sum\limits_{i=1}^{n} \overleftarrow{A}_{i\max}$$

式中，$A_{0\max}$ 是封闭环最大极限尺寸；$\vec{A}_{i\max}$ 是增环最大极限尺寸；$\overleftarrow{A}_{i\min}$ 是减环最小极限尺寸；$A_{0\min}$ 为封闭环最小极限尺寸；$\vec{A}_{i\min}$ 为增环最小极限尺寸；$\overleftarrow{A}_{i\max}$ 为减小减环最大极限尺寸。

3) 偏差计算：$ES(A_0) = \sum\limits_{i=1}^{m} ES(\vec{A}_i) - \sum\limits_{i=1}^{n} EI(\overleftarrow{A}_i)$；$EI(A_0) = \sum\limits_{i=1}^{m} EI(\vec{A}_i) - \sum\limits_{i=1}^{n} ES(\overleftarrow{A}_i)$

式中，$ES(A_0)$ 是封闭环上偏差；$ES(\vec{A}_i)$ 是增环上偏差；$EI(\overleftarrow{A}_i)$ 是减环下偏差；$EI(A_0)$ 是封闭环下偏差；$EI(\vec{A}_i)$ 是增环下偏差；$ES(\overleftarrow{A}_i)$ 是减环上偏差。

4) 公差计算：$T_0 = \sum\limits_{i=1}^{m+n} T_i$

式中，T_0 是封闭环公差；T_i 是组成环公差。

5) 平均公差计算：$T_M = \dfrac{T_0}{m+n}$

式中，T_M 是平均公差。

(4) 装配尺寸链的应用举例　某汽车发动机销轴连接装配尺寸如图 1-4a 所示。根据产品设计要求，装配精度即装配后的轴向间隙要求为：$A_0 = 0.05 \sim 0.25$mm。已知齿轮轴支撑的宽度 $A_1 = 43.5$mm，前止推垫片厚度 $A_2 = 2.5$mm，齿轮宽度 $A_3 = 38.5$mm，后止推垫片厚度 $A_4 = 2.5$mm，试确定各环公差及上、下极限偏差。

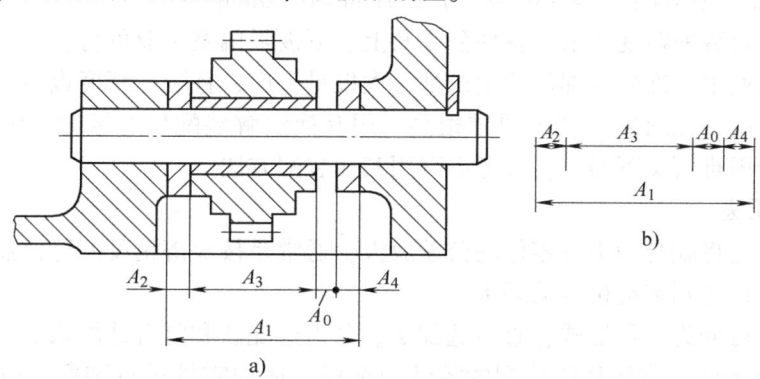

图 1-4　传动齿轮装配及尺寸链图

解：采用互换装配法，有关零件的公差可按极值法原则来确定。

1) 检验各环公称尺寸。画出装配尺寸链如图 1-4b 所示，A_0 是封闭环，A_1 是增环，A_2、A_3 和 A_4 是减环。公称尺寸：

$$A_0 = (43.5 - 2.5 - 38.5 - 2.5)\text{mm} = 0$$

可见，各环公称尺寸的给定数值正确。

2) 确定各组成环的平均公差。为了满足封闭环公差的要求，各组成环公差之和不得超过封闭环公差之值，即

$\Sigma T_i \leqslant T_0$，取 $T_1 + T_2 + T_3 + T_4 = T_0 = 0.20\text{mm}$；

这样，可分配到每一组成环的平均公差值为

$$T_M = T_0/(N-1) = 0.20\text{mm}/(5-1) = 0.05\text{mm}$$

由此可知，组成环平均精度不是很高，零件可以加工，故用完全互换的极值解法是可行的。

3）选择协调环。在组成环中，选择一个环作为协调环，它是用来协调各环上、下极限偏差和封闭环上、下极限偏差之间的环，它的公差及上、下极限偏差最后确定。一般选非标准件或容易制造并可用通用量具测量的零件作为协调环。本例选 A_1 为协调环。

4）确定除协调环以外各组成环的公差大小及上、下极限偏差。根据各环公称尺寸不同及加工的难易程度不同，调整各组成环公差。根据"入体原则"确定它们的上、下极限偏差，即包容件取正公差，被包容件取负公差，中心距取对称公差。

本例中，A_2、A_4 尺寸较小，且容易加工，取 $T_2 = T_4 = 0.04\text{mm}$；$A_3$ 尺寸较大，取 $T_3 = 0.07\text{mm}$，按"入体原则"确定上、下极限偏差，则

$A_2 = A_4 = 2.5_{-0.04}\text{mm}$

$A_3 = 38.5_{-0.07}\text{mm}$

5）计算协调环的公差和上、下极限偏差。

公差：$T_1 = T_0 - T_2 - T_3 - T_4 = 0.2\text{mm} - 0.04\text{mm} - 0.07\text{mm} - 0.04\text{mm} = 0.05\text{mm}$

A_0 上极限偏差：$ES(A_0) = ES(A_1) - EI(A_2) + EI(A_3) + EI(A_4)$

A_1 上极限偏差：$ES(A_1) = [0.25 + (-0.04 - 0.07 - 0.04)]\text{mm} = 0.1\text{mm}$

A_0 下极限偏差：$EI(A_0) = EI(A_1) - ES(A_2) + ES(A_3) + ES(A_4)$

A_1 下极限偏差：$EI(A_1) = 0.05\text{mm} + 0 = 0.05\text{mm}$

6）验算：$T_0 = (0.05 + 0.04 + 0.07 + 0.04)\text{mm} = 0.20\text{mm}$

计算结果符合装配精度要求，各环公差及上、下极限偏差选取可行。

在汽车制造业中，许多零部件的生产都是大批量生产，且装配精度也不过高，因此，大量采用互换法装配。在封闭环精度要求很高，用互换法解装配尺寸链时，组成环公差非常小，使加工十分困难而又不经济，可考虑采用其他装配方法。

2. 选择装配法

选择装配法是将配合副中各零件的公差放大，通常是按经济精度制造，然后，选择配合件后进行装配，以达到装配精度的要求。

选择装配法可分为三种形式：直接选配法、分组选配法和复合选配法。

（1）直接选配法　直接从待装配的零件中选择合适的零件进行装配，以满足装配精度要求，这种方法称为直接选配法。

直接选配法的特点是工作简单，不需要将零件分组，但挑选零件时间长，劳动量大，装配质量取决于工人的技术水平，不宜用于节奏要求较严的大批量生产。这种装配方法没有互换性。

（2）分组选配法　分组选配法是将组成环公差按互换法的极值解法求得后，再放大数倍以达到经济精度的数值，然后，以此数值加工装配件，在装配件加工后，按实测尺寸大小进行分组，装配时按对应组进行互换装配，以达到装配精度的要求。

图1-5 所示为某发动机活塞销和销孔的配合。技术要求规定，活塞销与活塞销孔的最大过

盈配合为 0.0075mm，最小过盈配合为 0.0025mm。若按互换法的极值解法装配，则活塞销和销孔所分配到的公差仅为 0.0025mm，而这样高的精度，加工极难。于是生产上采用分组选配法装配，将它们公差均放大 6 倍，即活塞销为 $\phi 28_{-0.0075}^{+0.0075}$ mm，活塞销孔为 $\phi 28_{-0.0100}^{+0.0050}$ mm。由于公差放大，加工变得容易。

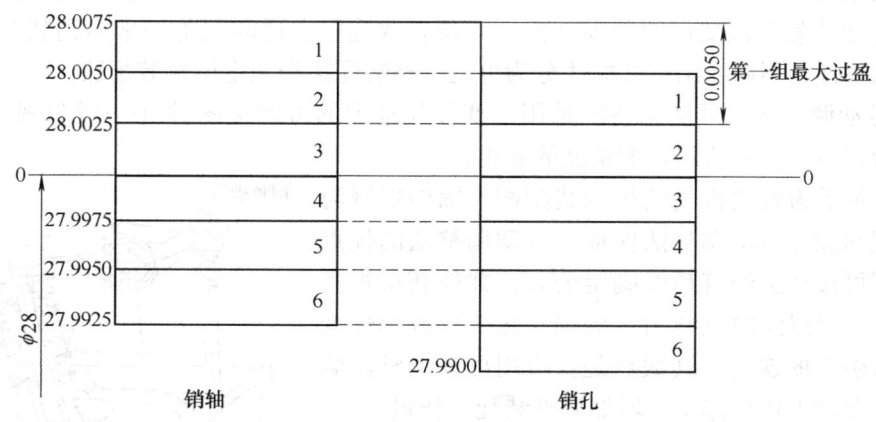

图 1-5 分组公差带位置分布图

按该公差进行加工后，对这些零件进行测量，并按尺寸大小分为四组，用不同颜色进行区别，按分组顺序，对应组的零件进行装配，保证装配精度的要求。活塞销和活塞销孔的分组尺寸见表 1-2。

表 1-2 活塞销及活塞销孔分组尺寸及标记 （单位：mm）

标记	组别	活塞销 $\phi 28_{-0.0075}^{+0.0075}$	活塞销孔 $\phi 28_{-0.0100}^{+0.0050}$	配合情况 最小过盈	配合情况 最大过盈
粉红	I	28.0075～28.0050	28.0050～28.0025	0	0.0050
绿	II	28.0050～28.0025	28.0025～28.0000		
蓝	III	28.0025～28.0000	28.0000～27.9975		
红	IV	28.0000～27.9975	27.9975～27.9950		
白	V	27.9975～27.9950	27.9950～27.9925		
黑	VI	27.9950～27.9925	27.9925～27.9900		

用分组选配法装配，需利用尺寸链极值法计算分组尺寸，以保证各对应组内零件在装配时能够互换并满足装配精度的要求。表 1-2 即为按尺寸链极值法求得的分组尺寸。

采用分组装配法时应注意：配合件的公差应相等，公差增大应朝同一方向，增大的倍数就是分组组数；配合件的表面粗糙度、形位公差必须保持原设计要求，不应随着配合件公差的放大而降低要求。

分组装配法的优点是：降低了零件的加工要求，仍能获得很高的装配精度；同组内的零件可以互换，具有完全互换法的优点。其缺点是：零件加工后要进行测量、涂色、分组保管等，工作比较复杂，工作量大。在汽车制造中，发动机的精密偶件都采用分组装配法。

选择装配法适用于成批或大量生产中，装配精度要求高、组成环数少的场合。

（3）复合选配法 复合选配法是直接选配法和分组选配法两种装配方法的综合，将零件预先测量分组，装配时在各对应组内凭工人经验直接选配。

复合选配法特点是：配合件公差可以不等，装配质量高，且装配速度较快，能满足一定的生产节拍要求。

3. 调整装配法

调整装配法是用改变可调整零件的相对位置或选用合适的调整件来达到装配精度的方法。根据调整件的不同，调整装配法分为可动调整装配法和固定调整装配法。

（1）可动调整法　可动调整法是用改变预先选定的可调整零件（一般为螺母、螺钉）在产品中的相对位置来达到装配精度的要求。

图1-6所示为发动机气门机构装配图。图中摇臂与气门的装配间隙靠可动调整法保证。可动调整法的优点是：零件都可按加工经济精度确定公差，并能获得很高的装配精度，可以随时调整由于磨损、热变形或弹性变形等原因所引起的误差。其缺点是：应用可动调整法装配时，往往要增大机构体积，增加调整装配工作量。

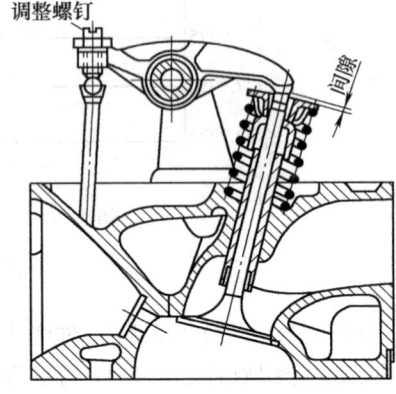

图1-6　发动机气门机构装配图

（2）固定调整法　固定调整法是在装配尺寸链中选定一个零件作为调整环，对该零件按一定尺寸间隔加工成几组零件，装配时，根据其余零件装配后留下的尺寸大小，最后选择某一组中的一个零件进行安装，达到所要求的装配精度。通常使用的调整件有垫圈、垫片、轴套等。在固定调整法中，须应用尺寸链的极值解法来确定调整环的分组数和各组零件的尺寸范围，还须计算各组零件分别对应的留给调整环的尺寸范围。

应用固定调整法时，零件都可按加工经济精度制造，加工容易。但调整件需要准备几组不同的规格，增加了调整件的测量和分组工作量，使工作更加复杂。

固定调整法主要用于成批或大量生产中，装配精度要求高、组成环数比较多的场合。

4. 修配装配法

修配装配法是在装配尺寸链中选定一个零件作为修配环，装配时，根据其余零件装配后留下的尺寸大小，修去修配环上预留的修配量，再装上修配环达到装配精度的要求。常选容易装拆、修磨量小的零件作为修配环。

修配法装配的优点是零件都可按加工经济精度确定公差，且能获得很高的装配精度；缺点是：对装配工人的技术要求较高，修配时间长且修配时间难以确定，不易保证装配流水线生产的要求。

修配装配法一般适用于单件或小批生产。

项目小结

1）装配件的结构要求：产品零件可以互换，并尽量多地采用标准件；连接的零件数量少；重量轻、体积小，结构简单；各部件可以单独检测；客户特殊要求的零部件最后装配。

2）装配工作的主要操作包括安装、连接、调整、检验和测试等；次要操作包括储藏、运输、清洗、包装等。

3）装配工作组织形式有：单件生产的装配、成批生产的装配、大量生产的装配和现场装配。

4）装配的一般原则是：仔细阅读装配图和装配说明书，明确装配技术要求；熟悉各零部件在产品中的功能；确保零部件和装配工具清洁；防止脏物或异物进入装配的产品内；根据安装标记进行装配；使用符合要求的紧固件进行紧固；根据装配要求使用合适的装配工具；装配过程中，应及时进行检查、测量。

5）合理的装配顺序一般是：首先选择装配基准件，然后根据装配结构的具体情况和零件之间的连接关系，按先下后上、先内后外、先难后易、先重后轻、先精密后一般的原则确定其他零件或组件的装配顺序。

6）通常将整台机器或部件的装配工作分成装配工序和装配工步顺序进行。由一个工人或一组工人在不更换设备或地点的情况下完成的装配工作，称为装配工序。用同一工具，不改变工作方法，并在固定的位置上连续完成的装配工作，称为装配工步。一个装配工序可包括一个或几个装配工步，部件装配和总装配由一系列装配工序组成。

7）保证装配精度的装配方法有互换装配法、选择装配法、调整装配法和修配装配法。

项目二　装配"5S"操作规范

项目目标

1. 理解"5S"的含义
2. 掌握"5S"活动的原则
3. 掌握"5S"项目的实施目的及实施要点
4. 能够有意识地在学习过程中主动实施"5S"管理

课前思考

"5S"活动是做什么的？为什么汽车（零部件）企业都在实施"5S"管理？

项目内容

任务一　了解"5S"活动

任务描述

本任务要求掌握"5S"的含义，了解开展"5S"活动的意义，掌握"整理""整顿""清扫"、"清洁"的实施目的或实施要点。

学习引导

"5S"活动的对象是现场的"环境"，它对生产现场环境全局进行综合考虑，并制订切实可行的计划与措施，从而达到规范化管理。"5S"是指"整理""整顿""清扫""清洁""素养"，活动的核心和精髓是素养，如果没有职工队伍素养的相应提高，"5S"活动就难以开展和坚持下去。"5S"的推行可作为企业推行全面质量管理重要的第一步，"5S"是用来维持环境质量的一种手段。

1. 整理

整理是把需要的和不需要的人、事、物分开，再对不需要的人、事、物加以处理，工作的重点是坚决把现场不需要的东西清理掉。首先对生产现场的现实摆放和停滞的各种物品进行分类，区分什么是现场需要的，什么是现场不需要的；其次，对于现场不需要的物品，诸如用剩的材料、多余的半成品、切下的料头、切屑、垃圾、废品、多余的工具、报废的设备、员工的个人生活用品等，坚决清理出生产现场，对于车间里各个工位或设备的前后、通道左右、厂房上下、工具箱内外，以及车间的各个死角，都要彻底搜寻和清理，达到现场无不用之物。这是开始改善生产现场的第一步。整理的目的有以下几点：

1）现场无杂物，行道通畅，提高工作效率。

2）改善和增加作业面积。

3）减少磕碰的概率，保障安全，提高质量。

4）减少库存量，节约资金。

5）消除物料管理上的混放、混料等差错事故。

6）改变作风，提高工作情绪。

2. 整顿

整顿是把需要的人、事、物进行定量和定位。对生产现场需要留下的物品进行科学合理的布置和摆放，以便用最快的速度取得所需之物，在最有效的规章制度和最简捷的流程下完成作业。整顿活动的要点是：

1）物品摆放要有固定的地点和区域，便于寻找，消除因混放造成的差错。

2）物品摆放地点要科学合理。经常使用的东西应放得近些（如放在作业区内），偶尔使用或不常使用的东西应放得远些（如集中放在车间某处）。

3）物品摆放目视化，使定量装载的物品做到过目知数，摆放不同物品的区域采用不同的色彩和标记加以区别。

生产现场物品的合理摆放有利于提高工作效率和产品质量，保障生产安全。定置管理工作已经发展成一项专门的现场管理方法。

3. 清扫

清扫是把生产现场打扫干净，设备异常时马上修理，使之恢复正常。生产现场在生产过程中会产生灰尘、油污、铁屑、垃圾等，脏的现场会使设备精度降低，故障多发，影响产品质量，使安全事故防不胜防；脏的现场更会影响人的工作情绪，使人不愿久留。因此，必须通过清扫活动来清除脏物，创建一个明快、舒畅的工作环境。清扫活动的要点是：

1）自己使用的物品，如设备、工具等，要自己清扫，不增加专门的清洁工。

2）设备清扫着眼于对设备的维护保养。清扫设备同设备点检结合起来，清扫即点检；清扫设备同时做设备的润滑工作，清扫也是维护。

3）清扫也是为了改善。当清扫地面发现飞屑和油水泄漏时，要查明原因，采取措施加以改进。

4. 清洁

清洁是对前三项活动的坚持与深入，整理、整顿、清扫之后认真维护，使生产现场保持完美和最佳状态。清洁的要点有以下几点：

1) 车间环境整齐、清洁卫生,保证员工身体健康,提高员工劳动热情。
2) 不仅物品清洁,员工本身也要做到清洁,如工作服要清洁,仪表要整洁,及时理发、刮须、修指甲、洗澡等。
3) 员工不仅形体上清洁,而且要做到精神上的"清洁",待人要讲礼貌、尊重别人。
4) 环境不受污染,消除混浊的空气、粉尘、噪声和污染源,消灭职业病。

5. 素养

努力提高员工的素养,养成严格遵守规章制度的习惯和作风,这是"5S"活动的核心。没有员工素养的提高,各项活动就不能顺利开展,开展了也坚持不了。所以,抓"5S"活动,要始终着眼于提高员工的素养。

任务二 "5S"活动的实施

任务描述

了解"5S"活动的原则,掌握"5S"项目的含义、目的和实施要点。

学习引导

1. "5S"活动的原则

(1) 自我管理原则 现场的员工自己动手为自己创造一个整齐、清洁、方便、安全的工作环境,在改造客观世界的同时,也改造自己的主观世界,产生"美"的意识,养成现代化生产所要求的遵章守纪、严格要求的风气和习惯。自己动手创造的成果,就容易保持和坚持下去。

(2) 勤俭办厂原则 开展"5S"活动,要从生产现场清理出很多物品。有的只是在现场无用,可以用于其他地方;需要报废的应按报废手续办理并收回其"残值",不可随意当作垃圾一扔了之。

(3) 持之以恒原则 开展"5S"活动,贵在坚持。为将这项活动坚持下去,企业首先应将"5S"活动纳入岗位责任制,使每一部门、每一员工都有明确的岗位责任和工作标准;其次,要严格、认真地搞好检查、评比和考核工作,将考核结果与各部门和每一员工的经济利益挂钩;第三,要通过检查,不断发现问题,不断解决问题。在检查考核后,还须针对问题,提出改进措施和计划,使"5S"活动坚持不断地开展下去。

2. "5S"的含义、目的与实施

"5S"的含义、目的和实施见表1-3。

表1-3 "5S"的含义、目的和实施

5S项目	含 义	目 的	实施(示例)
整理	将生产现场的所有物品区分为需要的与不需要的。需要的留下来,其他的清除或放置在别的地方。这是"5S"活动的第一步	腾出空间,防止误用	将物品分为几类,如:①不再使用的;②使用频率很低的;③使用频率较低的;④经常使用的 将第①类物品处理掉;第②、③类物品放置在贮存处;第④类物品留置在生产现场

(续)

5S项目	含义	目的	实施（示例）
整顿	把物品定量、定位放置，摆放整齐，必要时加以标识。这是提高效率的基础	生产现场一目了然，消除找寻物品的时间，整齐的工作环境	对场所进行规划，将物品摆放整齐，必要时进行标识
清扫	将生产现场及生产设备清扫干净，保持生产现场干净、亮丽	保持良好工作情绪，保证产品质量	清扫所有物品，机器、工具彻底清理、润滑，杜绝污染源，修理破损的物品
清洁	维持上面三项的成果	监督	检查表，红牌警示
素养	每位员工养成良好的习惯，遵守规则做事，培养积极主动的精神	培养具有良好习惯、遵守规则的员工，营造良好的团队精神	如①遵守出勤、作息时间；②待人接物诚恳有礼貌；③服装整齐，戴好胸卡；④工作保持良好的状态，不随意谈天说笑、离开工作岗位、看小说、打瞌睡、吃零食等；⑤保持清洁；⑥爱护公物，用完归位；⑦乐于助人等

项目小结

1）"5S"是指"整理""整顿""清扫""清洁""素养"，活动的核心和精髓是素养。

2）整理是指把需要的和不需要的人、事、物分开，对不需要的人、事、物加以处理，工作的重点是坚决把现场不需要的东西清理掉。

3）整顿是指把需要的人、事、物进行定量和定位。

4）清扫是把生产现场打扫干净，设备异常时马上修理，使之恢复正常。

5）清洁是对前三项活动的坚持与深入，整理、整顿、清扫之后认真维护，使生产现场保持完美和最佳状态。

6）素养是指努力提高员工的素养，养成严格遵守规章制度的习惯和作风，这是"5S"活动的核心。

复习思考题

1. 简述装配工作的组织形式。
2. 简述装配工作的一般原则。
3. 简述制订装配工作的基本过程。
4. 保证装配精度的装配方法有哪些？
5. 什么是整理和整顿？其操作要点分别是什么？
6. 简述"5S"中的素养与前4个"S"之间的关系。

模块二　固定连接装配

项目一　螺纹连接装配

🎯 **项目目标**

1. 掌握螺纹连接的应用特点及其装配技术
2. 了解螺纹连接的防松装置
3. 能根据装配技术要求确定螺纹连接件的拧紧力矩

螺纹的连接装配

课前思考

汽车上有哪些零部件间的连接是螺纹连接？螺纹连接有什么特点？螺纹连接工艺会对汽车质量产生什么影响？

项目内容

任务一　螺纹连接工艺介绍

任务描述

本任务要求对螺纹连接的特点，螺纹连接在汽车装配中的应用，螺纹连接拧紧力矩的确定和拧紧力矩的控制方法进行学习和掌握，学会螺纹连接的基本方法。

学习引导

螺纹连接是可拆的固定式连接，具有结构简单、连接可靠、拆装方便等优点，在汽车各大总成及总装配中均有广泛应用。螺纹连接可分为普通螺纹连接和特殊螺纹连接两大类。由螺栓、双头螺柱或螺钉构成的连接称为普通螺纹连接；除此以外的螺纹连接称为特殊螺纹连接。

1. 拧紧力矩的确定

汽车行驶过程中，汽车结构会受到振动和冲击。螺纹连接装配时应有一定的预紧力，以产生足够的摩擦力矩，达到连接可靠和紧固的目的。

这种拧紧力矩要克服两类摩擦力。一类是螺母内螺纹和螺栓外螺纹之间的螺纹摩擦力，另一类是在螺母与垫圈、垫圈与零件、零件与螺栓头的接触表面之间的螺栓头部摩擦力。设计时，预紧力和拧紧力矩可通过《机械设计手册》查表确定；装配时，按工艺规程规定的力矩要求拧紧。

2. 拧紧力矩的控制

拧紧力矩或预紧力的大小是根据要求确定的，一般紧固螺纹连接无预紧力要求，采用普通扳手、风动或电动扳手拧紧。规定预紧力的螺纹连接常用控制力矩法、控制扭角法、控制螺栓伸长法来保证准确的预紧力。

（1）控制力矩法　用测力扳手或定力矩扳手控制拧紧力矩的大小，使预紧力达到给定值，方法简便，但误差较大，适用于中、小型螺栓的紧固。

1）使用测力扳手。使用可检测扭力值的测力扳手，按规定的力矩进行安装。可以用于单件、小批的试装作业或维修装配工作。

2）使用定力矩扳手。使用可预先设置扭力值的定力矩扳手，按规定的力矩进行安装。首先通过旋转扳手手柄轴尾端的旋钮设定所需的力矩值，当拧紧力矩达到设定值时，会听到扳手发出嗒嗒的响声且感觉不再吃力，此时停止操作。使用这种扳手可以预先设定拧紧力矩，操作过程中不需要读数，生产效率高，广泛应用于汽车各类装配作业中。

（2）控制螺母扭角法　使用定扭角扳手，通过控制螺母拧紧时转过的角度来控制预紧力。控制力矩法操作中，大部分的力矩用来克服螺纹摩擦力和螺栓、螺母及零件之间接触面的摩擦力，而对于连接防松起主要作用的螺纹间摩擦力往往控制得不精确。控制螺母扭角法操作时，先用定扭角扳手对螺母施加一定的预紧力矩，再将螺母扭转一定角度来控制预紧力。此时，螺母和螺栓间的摩擦力基本不会对操作结果产生影响。这种方法在汽车装配中，广泛应用于重要螺纹连接的拧紧力矩控制。

（3）控制螺栓伸长法　用液力拉伸器使螺栓达到规定的伸长量以控制预紧力，螺栓不承受附加力矩，误差较小。

（4）扭断螺母法　在螺母上切一定深度的环形槽，以螺母环形槽处扭断来控制预紧力。这种方法误差较小，操作方便。但螺母的制造、维修和重装不方便。

（5）加热拉伸法　对于大型螺栓，可采用加热拉伸法。一般以小于400℃加热使螺栓伸长，然后用一定厚度的垫圈（常为对开式）或螺母扭紧方式控制螺栓的伸长量，从而控制预紧力。这种方法误差较小，其加热方法有如下4种：

1）火焰加热。用喷灯或氧乙炔加热器加热，操作方便。

2）电阻加热。电阻加热器放在螺栓轴向深孔或通孔中，加热螺栓的光杆部分。常采用小于45V的低电压和大于300A的大电流。

3）电感加热。将导线绕在螺栓光杆部分进行加热。

4）蒸汽加热。将蒸汽通入螺栓轴向通孔进行加热。

任务二　螺纹连接防松装置介绍

任务描述

本任务要求了解螺纹连接防松装置的必要性，掌握用附加摩擦力防松的装置、利用零件的变形防松的装置和其他防松形式。能根据装配需要，选择合适的防松装置。

学习引导

汽车的螺纹连接一般都具有自锁性，在静载荷下不会自行松脱，但在冲击、振动或交变载荷作用下,纹牙之间正压力突然减小时,摩擦力矩减小,螺母回转,使螺纹连接松动,造成构件损坏或发生安全事故。螺纹连接应有可靠的防松装置,防止摩擦力矩减小和螺母回转。

1. 用附加摩擦力防松的装置

(1) 锁紧螺母(双螺母)防松 使用主、副两个螺母,先将主螺母拧紧至预定位置,再拧紧副螺母,在主、副螺母之间这段螺杆因受拉伸长,使主、副螺母分别与螺杆牙型的两个侧面接触都产生正压力和摩擦力。当螺杆受某个方向突变载荷时,就能始终保持足够的摩擦力,起到防松作用,如图2-1所示。

这种防松装置使用两个螺母,增加了结构尺寸和重量,一般用于低速重载或载荷较平稳的场合。

(2) 弹簧垫圈防松 弹簧垫圈放在螺母下面,当拧紧螺母时,垫圈受压产生弹力,从而在螺纹副的接触面间保持附加摩擦力,防止螺母松动,如图2-2所示。常用的弹

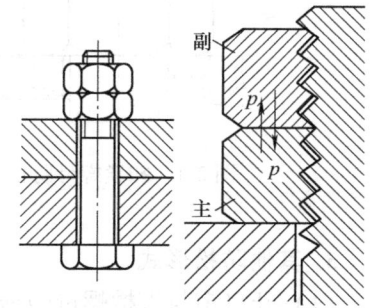

图2-1 锁紧螺母防松

簧垫圈有普通弹簧垫圈、球面弹簧垫圈、鞍形弹簧垫圈、杯形弹簧垫圈、有齿弹簧垫圈等类型。

(3) 自锁螺母防松 将弹性尼龙圈或纤维圈压入螺母尾部沟槽内,该圈内径约在螺纹小径与内径之间。旋紧螺母时,此圈变形将螺杆紧紧包住,从而防止螺母松开,如图2-3所示。此圈还可保护螺母内的螺纹部分,防止螺母内的螺纹腐蚀。这种自锁螺母可重复使用多次。

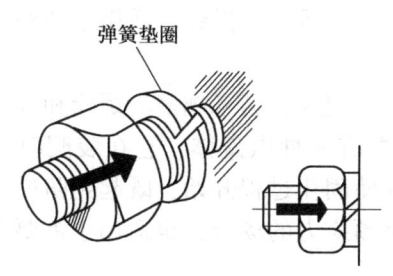

图2-2 弹簧垫圈防松

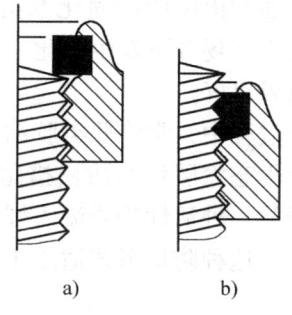

图2-3 自锁螺母防松
a) 拧紧前 b) 拧紧后

(4) 扣紧螺母防松 扣紧螺母与普通六角螺母或螺栓配合使用,弹簧钢扣紧螺母的齿须与螺纹的螺距相适应。拧紧时,扣紧螺母的齿会弹性地压在螺栓齿的一侧,从而防止螺母回松,如图2-4所示。旋松扣紧螺母时,须先将六角螺母旋紧,使扣紧螺母的齿与螺栓之间压力减小,再旋松扣紧螺母。扣紧螺母一般有6个或9个齿。

(5) DUBO弹性垫圈防松 DUBO弹性垫圈防松如图2-5所示,该垫圈既可以防止回松,也可以防止泄漏。螺母须缓慢地旋紧,且不可旋紧过度。防松用的弹性垫圈可多次使用。

2. 利用零件变形的防松装置

这些装置利用安全、廉价的防松元件进行防松。装配过程中,通过防松零件变形来阻止

螺母回松。通常在螺母和螺栓头下边安装止动垫片。止动垫片一般用钢或黄铜制成，由于安装变形，只能使用一次。

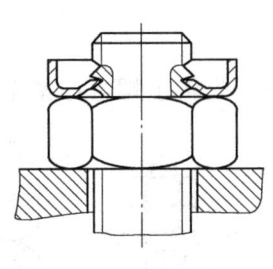

图 2-4　扣紧螺母防松

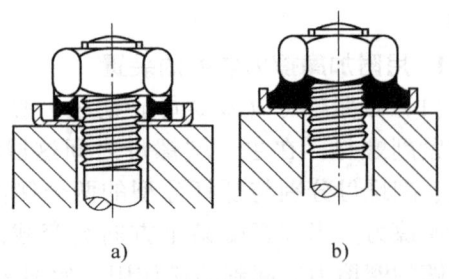

图 2-5　DUBO 弹性垫圈防松
a）拧紧前　b）拧紧后

3. 其他防松形式

（1）开口销与带槽螺母防松　在螺杆上钻一个小孔，使开口销能穿过螺杆，并用开口销把螺母锁在螺栓上，从而防止螺母松开。此装置防松可靠，但螺杆上销孔位置不易与螺母最佳锁紧位置的槽口吻合，连接螺纹常采用细牙螺纹，以便调整。这种防松形式多用于变载或振动的场合，如汽车轮毂的防松。

（2）串联钢丝防松　用钢丝连续穿过一组螺钉头部的径向小孔（或螺母和螺栓的径向小孔）来防止回松。这种防松形式适用于布置较紧凑的成组螺纹连接，装配时注意钢丝的穿丝方向，防止螺钉或螺母仍有回松余地。

（3）胶粘剂防松　用胶粘剂注入螺纹连接间隙内进行防松，通常使用厌氧性胶粘剂。这种胶粘剂通常由树脂与固化剂组成的稀薄混合形式使用，只要氧气存在，固化剂不起作用，而在无空气场合下发生固化。这种防松粘接牢固，粘接后不易拆卸，适用于各种机械修理场合，效果良好。

在装配过程中，常将此类胶粘剂涂于装配的零件上。现今，越来越多的螺栓和螺母在供应前已涂上干态涂层作为防松措施。这种干态涂层内含有一种微囊体，它在装配时易于破裂，从而释放一种活性物质流入螺纹间，填满间隙，并使固化过程开始，既起到防松又起到密封的作用。这种防松形式适用于轻微的振动或有足够预应力的场合，也适用于需要重复调节的零件。

项目小结

1）螺纹连接装配时应有一定的预紧力，这种拧紧力矩要克服两类摩擦力。一类是螺母内螺纹和螺栓外螺纹之间的螺纹摩擦力，另一类是在螺母与垫圈、垫圈与零件、零件与螺栓头的接触表面之间的螺栓头部摩擦力。

2）拧紧力矩的控制包括：控制力矩法、控制螺母扭角法、控制螺栓伸长法、扭断螺母法、加热拉伸法。

3）螺纹连接的防松装置包括：用附加摩擦力防松的装置（锁紧螺母（双螺母）防松、弹簧垫圈防松、自锁螺母防松、扣紧螺母防松、DUBO 弹性垫圈防松）；利用零件变形的防松装置；其他防松形式（开口销与带槽螺母防松、串联钢丝防松、胶粘剂防松）。

项目二　挡圈、销、键的装配

项目目标
1. 掌握挡圈、键、销的应用特点及其装配技术
2. 能正确制订固定连接组件的装配工艺规程

课前思考
汽车上除螺纹连接以外还有哪些固定连接？分别应用在汽车哪些结构上？各有什么特点？对汽车装配质量有什么影响？

项目内容
除螺纹连接外，汽车上还常用到孔、轴之间的定位连接。这些连接中，常用的零件有弹性挡圈、键、销等。本项目主要引导学习这些固定连接零件的装配技术。

任务一　弹性挡圈装配

任务描述
本任务要求掌握弹性挡圈的应用和分类，了解装配弹性挡圈的专用工具。

学习引导
弹性挡圈用于防止轴或轴上零件的轴向移动。通常分为装在轴槽上的轴用弹性挡圈和装在孔槽中的孔用弹性挡圈两大类。

弹性挡圈工作的可靠性不仅取决于自身质量，还取决于安装方式。轴用弹性挡圈安装过程中，将弹性挡圈张开，而孔用弹性挡圈装入孔中时，挡圈将被挤压，从而使弹性挡圈都将承受较大的弯曲应力。在装配弹性挡圈时，弹性挡圈的工作应力不应超过其许用应力，也就是弹性挡圈的张开量或挤压量不得超出其许可变形量，否则会导致弹性挡圈塑性变形，影响工作的可靠性。

一般使用专用工具装配挡圈，如弹性挡圈钳或具有锥度的心轴和导套等。当更换弹簧挡圈时，应确认所用弹性挡圈规格相同。

1. 专用心轴和导套

批量生产装配过程中，一般使用专用心轴和导套装配挡圈。装配时，应将弹性挡圈放置在轴颈（轴用挡圈）或孔前端（孔用挡圈），沿轴向在挡圈上施加压力，从而使挡圈在移动的同时张开或挤压，装入轴或孔的沟槽内，如图2-6所示。心轴或导套上必须有定心边缘，使弹性挡圈能够对中安装。使用这种工具装配时间短，装配时产生的弯曲应力不会超过挡圈许用应力。当将弹性挡圈装配至轴上时，用来将挡圈压至锥形心轴的装配套端面最好有一个深度较小的沉孔，如图2-7所示。沉孔直径略大于轴径和挡圈径向宽度之和的两倍，可使挡圈在装配过程中始终保持圆形。

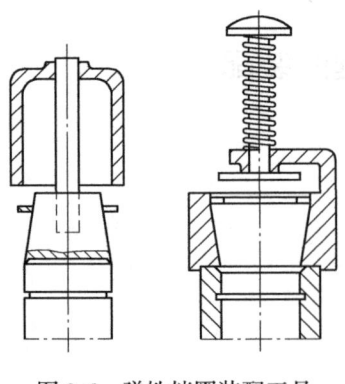
图 2-6　弹性挡圈装配工具

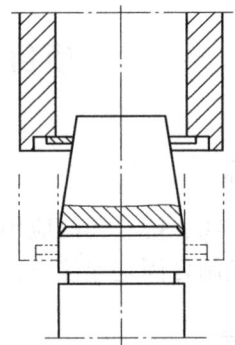
图 2-7　有前端沉孔的安装套

2. 弹性挡圈钳

弹性挡圈钳又称卡簧钳，是用来装配和拆卸弹性挡圈的专用工具，有孔用弹性挡圈钳和轴用弹性挡圈钳两种。

孔用弹性挡圈钳用来装配和拆卸孔用弹性挡圈，当钳的两个把手相互移近时，钳口也相互移近，与普通老虎钳相似；轴用弹性挡圈钳用于装配和拆卸轴用弹性挡圈，当两个把手相互移近时，两个钳口相对张开，由于两把手之间的弹簧作用，其钳口总是要保持闭合的状态。

为了适应不同结构的装配，两类弹性挡圈钳都各有直头和弯头两种类型。弹性挡圈钳一般标有相应的规格，以说明该钳适用于哪种直径的弹性挡圈。有些弹性挡圈钳上装有可调的止动螺钉，可防止弹性挡圈在装配时产生过度变形。

在装配沟槽处于轴端或孔端的弹性挡圈时，应将弹性挡圈的两端首先放入沟槽内，然后将弹性挡圈的其余部分沿着轴或孔的表面推进沟槽，这样可使挡圈的径向扭曲变形最小，如图2-8 所示。

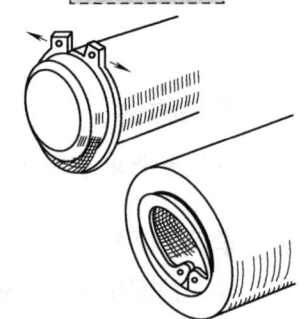
图 2-8　弹性挡圈的装配

键的装配

任务二　键 的 装 配

📓 任务描述

本任务要求掌握键的作用、类型，松键、紧键、花键的特点、应用和装配要求。

📓 学习引导

键用来连接轴和轴上零件，主要用于轴向固定以传递转矩。齿轮、带轮、联轴器等在轴上多用键连接。它具有结构简单、工作可靠、拆装方便等优点，在汽车上应用广泛。根据结构特点和用途的不同，键连接可分为花键连接、松键连接和紧键连接三大类。

花键连接由轴和毂孔上的多个键齿组成。花键连接承载能力高、传递转矩大、同轴度和导向性好，对轴的强度削弱小，适用于载荷大或同轴度要求较高的连接，在汽车上应用广泛。按工作方式不同，花键连接有静连接和动连接；按齿廓形状不同，花键分为矩形花键、渐开线花键和三角形花键三种。其中，矩形花键加工方便，应用最为广泛。

松键连接的键有普通平键、半圆键、导向平键及滑键等。它们靠键的侧面传递转矩，只能对轴上零件做周向固定，不承受轴向力。轴上零件的轴向固定要靠紧定螺钉、定位环、挡圈等定位零件来实现。松键连接能保证轴与轴上零件有较高的同轴度，在高速精密连接中有较多应用。

紧键连接主要是楔键连接，分为普通楔键和钩头楔键两种，楔键的上、下两面是工作面。键的上表面和毂槽的底面都有 1:100 的斜度，键侧与键槽之间有一定间隙。装配时需压入或打入，靠楔紧作用传递转矩。紧键连接能轴向固定零件和传递单方向轴向力，但易使轴上零件与轴的配合产生偏心和歪斜，用于对中性要求不高、转速较低的场合。有钩头的楔键用于不能从另一端将键打出的场合。

1. 花键连接的装配

（1）静连接的装配　首先检查轴、孔的尺寸是否在允许过盈量的范围内；装配前清除轴、孔的锐边和毛刺；装配时用铜棒等软材料轻轻打入，不得过紧，以防拉伤配合表面；过盈量要求较大时，可将花键套加热（80～120℃）后再装配。

（2）动连接的装配　首先检查轴孔的尺寸是否在允许的间隙范围内；装配前清除轴、孔的锐边和毛刺；用涂色法检查、修正各齿间的配合，直到花键套能在轴上自由滑动，没有阻滞，也没有径向间隙感觉。

2. 松键连接的装配

1）装配前清理键和键槽的锐边、毛刺，以防装配时造成过大的过盈。

2）对重要的键连接，装配前检查键的直线度、键槽对轴心线的对称度和平行度。

3）用键头与轴槽试配松紧，应能使键紧紧地嵌在轴槽中（对普通平键、导向平键而言）。

4）锉配键长、键宽与轴键槽，留 0.1mm 左右的间隙。

5）在配合面上涂机油，用铜棒或垫铜皮的台虎钳将键压装在轴槽中，直至与槽底面接触。

6）试配并安装套件。安装套件时要用塞尺检查非配合面间隙以保证同轴度要求。

7）对于滑动键，装配后应滑动自如，但不能摇晃，以免引起冲击和振动。

3. 紧键连接的装配

1）去除键与键槽的锐边、毛刺。

2）将轮毂装在轴上并对正键槽。

3）在键和键槽内涂机油，用钢棒将键打入，两侧应有一定的间隙，键的底面与顶面要紧贴键槽。

4）配键时，可用涂色法检查斜面的接触情况，若配合不好，可用锉刀、刮刀修整键或键槽。

5）对钩头紧键，钩头和套件的端面间要留有一定距离，以便拆卸。

任务三　销 的 装 配

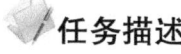**任务描述**

本任务要求掌握销的作用，圆柱销和圆锥销的装配要求。

销的装配

学习引导

销在零件的装配和调整中起重要作用,还可用于零件的锁紧和零件间的精确定位。销是一种标准件,形状和尺寸已标准化。销种类较多,应用广泛,应用最多的是圆柱销和圆锥销。

1. 圆柱销的装配

1)圆柱销一般以过盈配合固定在孔中,装配前应检查销钉与销孔过盈量是否符合要求,一般过盈量在 0.01mm 左右。

2)为保证连接质量,应将连接件的销孔一起钻铰。

3)装配时,销上应涂机油。

4)用锤子敲击装入时,应用软金属垫在销子端面上,用锤子将销钉轻轻打入孔中。

5)装不通孔销钉前,应先用带切削锥的铰刀铰到底,同时在销钉外圆表面上用油石磨一个通气平面。否则,空气排不出,销钉装不进去。

2. 圆锥销的装配

1)装配圆锥销前,应将被连接工件的销孔一起钻铰。

2)边铰孔、边用锥销试测孔径,以销能自由插入销长的 80% 为宜。

3)销锤入后,销子的大头一般以露出工件表面或使之一样平为适。

4)不通锥孔内应装带有螺孔的锥销,以免取出困难。

任务四 制订固定连接组件的装配工艺规程

任务描述

本任务要求根据固定连接组件装配图,制订组件的装配工艺规程。

1. 操作要求

1)认识并能正确选择和使用装配固定连接用工、量具。

2)根据装配图 2-9 所示的相关技术要求,使装配件之间达到规定的尺寸精度、位置精度。

3)掌握螺钉、销、弹性挡圈的装配技术。

2. 工具与附件

1)装配工具:平板、V形块、弹性挡圈钳、麻花钻及锥铰刀、内六角扳手、塑料锤。

2)测量和检验用工具:量块、游标卡尺、百分表及表座、刀口直尺、塞尺、刀口角尺。

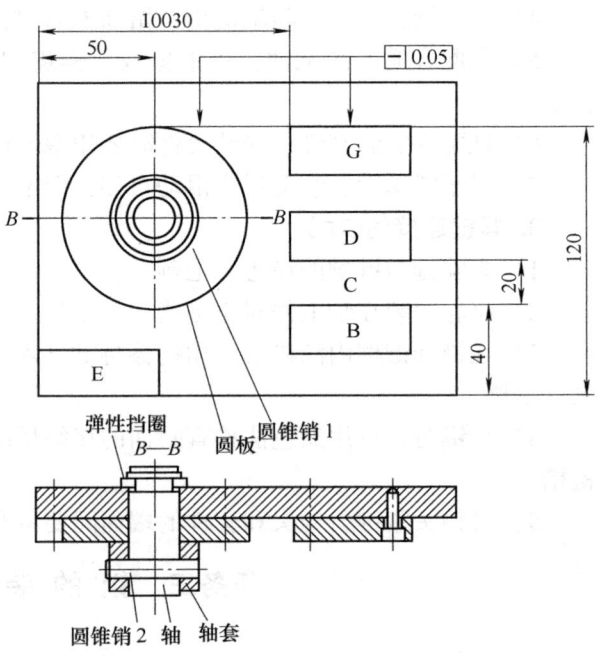

图 2-9 装配组件
B、C、D、E、G—装配调整块

3. 额定时间：2h

学习引导

根据装配工艺过程和要求，制订组件的装配工艺规程。固定连接组件装配工艺规程见表 2-1。

表 2-1 固定连接组件装配工艺规程

操作步骤	标准操作	备注
工作准备	熟悉任务	图样与零件清单、装配任务、装配步骤
	初检	装配用资料和零件是否齐全
	选用工具	见装配工具与附件列表
	整理工作场地	整理工作场地、备齐工具和装配所需材料
	清洗	清洁零件
装配调整块 C	定位	零件 C
	紧固	用手旋紧（能用塑料锤敲击而移动）
	调整	借助游标卡尺和塑料锤，调整尺寸 110mm
	调整	用百分表和塑料锤，调整尺寸 40mm
	固定	用工具旋紧固定
装配调整块 D	定位	零件 D
	紧固	用手旋紧（能用塑料锤敲击而移动）
	调整	用游标卡尺和塑料锤，调整尺寸 110mm
	调整	用量块和塑料锤，在平板上调整尺寸 20mm 及其平行度
	固定	用工具旋紧固定
装配调整块 E	定位	零件 E
	紧固	用手旋紧（能用塑料锤敲击移动）
	调整	用刀口直尺相对于两边进行调整
	固定	用工具旋紧固定
装配调整块 G	定位	零件 G
	紧固	用手旋紧（能用塑料锤敲击移动）
	调整	用刀口直尺和塑料锤相对于调整块 C 和 D 调整尺寸 110mm
	调整	借助游标卡尺和塑料锤调节尺寸 120mm
	固定	用工具旋紧固定
装配圆板	定位	圆板
	紧固	用手旋紧（用塑料锤敲击移动）
	调整	借助游标卡尺和塑料锤调节尺寸 50mm
	调整	用刀口直尺和塞尺调整相对于调整块 G 的直线度
	检查	用轴检查其与孔的配合情况
	固定	用工具旋紧固定
	钻孔	用麻花钻在圆板上钻孔
	铰孔	用圆锥铰刀铰削销孔
	压入	将圆锥销 1 插入销孔

(续)

操作步骤	标准操作	备注
装配轴	定位	用弹性挡圈钳将弹性挡圈装入轴沟槽中
	压入	将轴压入圆板及平板孔中
装配轴套	压入	将轴套压入轴上
	调整	使轴套与圆板间的轴向间隙适当,达到转动灵活
	钻孔	用麻花钻在轴和轴套上钻通孔
	铰孔	用圆锥铰刀铰削销孔
	压入	将圆锥销2锤入销孔
检查	最后检查	百分表和表架、刀口直尺、量块、塞尺

项目小结

1)弹性挡圈用于防止轴或轴上零件的轴向移动。通常分为装在轴槽上的轴用弹性挡圈和装在孔槽中的孔用弹性挡圈两大类。

2)键用来连接轴和轴上零件,主要用于轴向固定以传递转矩。根据结构特点和用途的不同,键连接可分为花键连接、松键连接和紧键连接三大类。

3)销在零件的装配和调整中起重要作用,还可用于零件的锁紧和零件间的精确定位。销种类较多,应用广泛,应用最多的是圆柱销和圆锥销。

复习思考题

1. 简述汽车螺纹连接使用防松装置的必要性。
2. 附加摩擦力防松的装置有哪些?各有什么特点?
3. 除附加摩擦力防松的装置和利用零件变形的防松装置外,还有哪些防松形式?各有什么特点?
4. 简述圆锥销的装配要点。

模块三　滚动轴承、密封件的装配

项目一　滚动轴承的装配

项目目标

1. 掌握滚动轴承装配的检查与防护措施
2. 掌握滚动轴承的清洗方法
3. 能正确选择滚动轴承的装配方式
4. 能制订滚动轴承装配工艺过程

课前思考

滚动轴承起什么作用？汽车哪些部位会装配滚动轴承？滚动轴承装配工艺会对汽车质量产生什么影响？

项目内容

任务一　滚动轴承装配前的准备

任务描述

了解滚动轴承装配前的检查与防护措施，掌握滚动轴承的清洗方法。

滚动轴承的结构

学习引导

滚动轴承是一种精密部件，认真做好装配前的准备工作，对保证装配质量和提高装配效率是十分必要的。

1. 装配前的检查与防护

1）按图样要求检查与滚动轴承相配的零件，如轴颈、箱体孔、端盖等的尺寸是否符合图样要求，表面是否有凹陷、毛刺、锈蚀和固体微粒等，并用汽油或煤油清洗、擦净，涂上一层薄薄的油。

2）检查密封件并更换损坏的密封件，橡胶密封圈每次拆卸时都须更换。

3）装配操作开始前，将滚动轴承取出，尽可能使其不受灰尘污染。

4）检查滚动轴承型号与图样是否一致，并清洗滚动轴承。若滚动轴承用防锈油封存，可用汽油或煤油擦洗轴承内孔和外圈表面，并用软布擦净；对于用厚油和防锈油脂封存的大型轴承，在装配前用加热清洗的方法清洗。

5）装配环境中不得有金属微粒、锯屑、沙子等。最好在无尘室中装配滚动轴承，否则需遮盖装配的设备，保护滚动轴承免受周围灰尘的污染。

2. 滚动轴承的清洗

使用过的滚动轴承，在装配前须彻底清洗；对于两端面带防尘盖、密封圈或涂有防锈和润滑两用油脂的滚动轴承，无须清洗。

滚动轴承的清洗方法有两种：常温清洗和加热清洗。

（1）常温清洗　常温清洗是用汽油、煤油等油性溶剂清洗滚动轴承。使用干净的清洗剂和工具，先将滚动轴承在一个大容器中清洗，再在另一个容器中漂洗，干燥后立即用油脂或油涂抹滚动轴承，并防止灰尘污染滚动轴承。

（2）加热清洗　使用闪点至少为250℃的轻质矿物油加热清洗。油加热至约120℃，把滚动轴承浸入油内，待防锈油脂溶化后取出，冷却后用汽油或煤油清洗、擦净后涂油。加热清洗方法效果很好，保留在滚动轴承内的油能起到保护滚动轴承和防止腐蚀的作用。

任务二　圆柱孔滚动轴承的装配

任务描述

了解滚动轴承的装配方式、滚动轴承的分类，掌握滚动轴承的装配方法。

学习引导

1. 滚动轴承装配方法的选择

滚动轴承的装配方法应根据滚动轴承的装配方式、尺寸大小及滚动轴承的配合性质来确定。

（1）滚动轴承的装配方式　根据滚动轴承与轴颈的结构，通常有4种滚动轴承的装配方式。

1）滚动轴承直接装在圆柱轴颈上，这是圆柱孔滚动轴承的常见装配形式。

2）滚动轴承直接装在圆锥轴颈上，适用于轴颈和轴承孔均为圆锥形的场合。

3）滚动轴承装在紧定套上，适用于滚动轴承为圆锥孔、轴颈为圆柱孔的场合。

4）滚动轴承装在退卸套上，适用于滚动轴承为圆锥孔、轴颈为圆柱孔的场合。

（2）滚动轴承的尺寸　根据滚动轴承内孔的尺寸，可将滚动轴承分为三类。

1）小轴承：孔径小于80mm的滚动轴承。

2）中等轴承：孔径为80~200mm的滚动轴承。

3）大型轴承：孔径大于200mm的滚动轴承。

（3）滚动轴承的装配方法　根据滚动轴承装配方式、尺寸大小及配合性质，通常有4种装配方法：机械装配法、液压装配法、压油法和温差法。

2. 圆柱孔滚动轴承的装配

（1）滚动轴承装配的基本原则

1）装配滚动轴承时，不得直接敲击滚动轴承内圈、外圈、保持架和滚动体。否则，会破坏滚动轴承的精度，降低滚动轴承的使用寿命。

2）装配的压力应直接加在待配合的套圈端面上，绝不能通过滚动体传递压力。图3-1a和图3-1b所示装配过程中，装配压力通过滚动体传递载荷，易使滚动轴承变形，是错误的装配方法。图 3-1c 和图 3-1d 中，装配力直接作用在需装配的套圈上，滚动轴承的精度不致被破坏，是正确的装配方法。

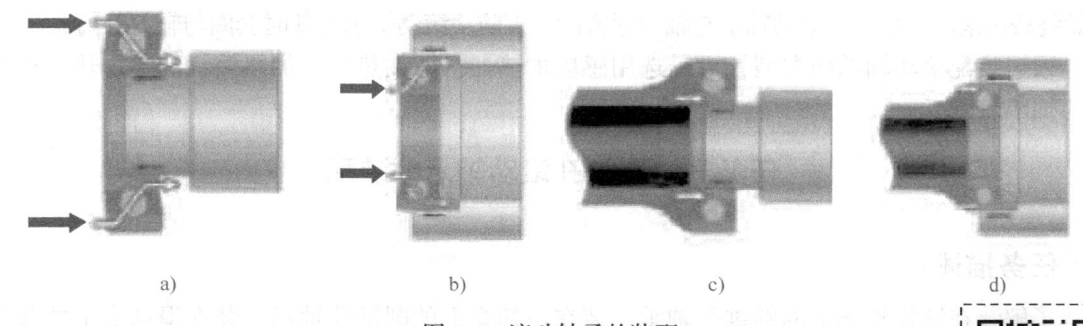

图 3-1 滚动轴承的装配

（2）座圈的安装顺序

1）不可分离型滚动轴承（如深沟球轴承等）。这种轴承应按座圈配合松紧程度决定安装顺序。内圈与轴颈配合为较紧的过盈配合，且外圈与壳体孔为配合较松的过渡配合时，应先将滚动轴承装在轴上，将套筒垫在滚动轴承内圈上压装，然后与轴一起装入壳体孔中，如图 3-2a 所示。当滚动轴承外圈与壳体孔为过盈配合时，应将滚动轴承先压入壳体孔中，如图 3-2b 所示，套筒外径应略小于壳体孔直径。当滚动轴承内圈与轴、外圈与壳体孔都是过盈配合时，应把

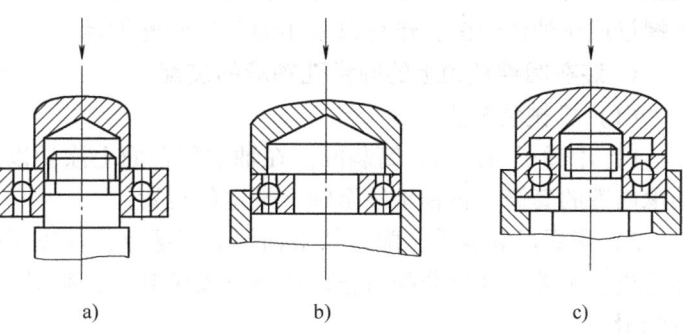

图 3-2 滚动轴承套圈的装配顺序

滚动轴承同时压在轴上和壳体孔中，如图 3-2c 所示，这种套筒的端面具有同时压紧滚动轴承内、外圈的圆环。

2）分离型滚动轴承（如圆锥滚子轴承）。这种轴承由于外圈可以自由脱开，装配时内圈和滚动体一起装在轴上，外圈装在壳体孔内，然后调整它们之间的游隙。

（3）滚动轴承套圈的压入方法

1）套筒压入法。套筒压入法适用于装配小滚动轴承，其配合过盈量较小，常用工具为冲击套筒与锤子，滚动轴承套圈在压入时均匀敲入。

2）压力机械压入法。压力机械压入法适用于装配中等滚动轴承。其配合过盈较大，常用杠杆齿条式或螺旋式压力机或液压机压装滚动轴承，但均须对轴或安装滚动轴承的壳体提供一个可靠的支承。

3）温差法装配。温差法装配适用于大型滚动轴承。随着滚动轴承尺寸的增大，配合过盈量也增大，所需装配力随之增大。因此，可以将滚动轴承加热，然后与常温轴配合。滚动轴承和轴颈之间的温差取决于配合过盈量的大小和滚动轴承尺寸。一般滚动轴承加热温度为 110℃，滚动轴承温度高于轴颈 80~90℃时就可以安装。不能将滚动轴承加热至 125℃以上，温度过高会引起材料性能的变化。不能利用明火对滚动轴承进行加热，因为这样会导致滚动

轴承材料应力变形破坏滚动轴承的精度。

安装时，应佩戴干净的专用防护手套搬运滚动轴承，将滚动轴承装至轴上与轴肩可靠接触，并始终按压滚动轴承直至滚动轴承与轴颈紧密配合，防止滚动轴承冷却时套圈与轴肩分离。

根据装配滚动轴承的类型，可以选用感应加热器、电加热盘、加热箱、油浴加热4种不同的加热方法。

任务三　圆锥孔滚动轴承的装配

任务描述

了解装在圆锥轴颈上的圆锥孔轴承、装在退卸套上的圆锥孔轴承、装在退卸套上的圆锥孔轴承的装配方法。

学习引导

圆锥孔滚动轴承的装配方法与圆柱孔轴承的装配方法基本相同。小轴承的装配通常采用机械压入的方法，如锤子敲击冲击套筒或锁紧螺母和扳手的方法。大型轴承的装配则采用液压螺母或压油法装配，还可以采用温差法装配轴承。

1. 装在圆锥轴颈上的圆锥孔轴承的装配

（1）机械装配法

1）用锤子与冲击套筒装配。在轴颈配合面上涂油以避免损坏轴承，用锤子锤击作用于轴承内圈的套筒，将轴承装至轴上规定的位置。

2）用螺母和扳手装配。如果轴颈上有螺纹，可以用螺母和扳手装配小型轴承，轴承装好后检查游隙。如果装配时止动垫圈已安装到位，须对螺纹部分及螺母和止动垫圈的侧面进行润滑。

（2）液压法　在大于50mm的孔径内安装滚动轴承时，可采用液压螺母，其装配简单，工作可靠。液压螺母包括两部分，一是带有内螺纹的螺母体，侧面上有一个环形沟槽；另一个是与沟槽相配合的环形活塞，有两个O形密封圈用于油腔的密封。当油压入油腔时，使活塞向外移动并产生足够的力用来装配或拆卸轴承。

（3）压油法　压油法适用于中等和大型滚动轴承的装配。用油压机将油压入滚动轴承和轴颈之间，直至两个零件配合面完全分开，使摩擦力减小至零，用很小的力就可以装配滚动轴承。这种方法装配简单，游隙可以得到很好的控制，装配精度高。

当滚动轴承装配至规定位置时，将油释放，等待20min后，最后一次检查游隙的大小。对于锥孔滚动轴承，最好将压油法和液压螺母组合使用。应用压油法时要注意，轴必须有输油通道，这种通道一般在维修时加工完成。

（4）温差法　当不能使用压油法或液压螺母时，可以选择温差法加热滚动轴承，常用感应加热器、加热箱或油浴等方法进行加热。在装配中应注意滚动轴承与轴颈的相对轴向位移的测量与控制。

2. 装在紧定套上的滚动轴承的装配

调心球轴承和调心滚子轴承通常安装在紧定套或退卸套上，简化滚动轴承的装配与拆卸。有这种套的滚动轴承的内圈在装配时具有很紧的配合，其程度取决于滚动轴承相对于套的移动。随着滚动轴承与套的相对移动，滚动轴承内圈逐渐膨胀，而滚动轴承的原始径向游隙逐渐减小。

使用紧定套的滚动轴承依靠轴肩定位安装时，要有一个保证滚动轴承正确位置的距离套，距离套必须能够让紧定套置于其下面。

3. 装在退卸套上的滚动轴承的装配

装在退卸套上的滚动轴承的装配，与装在紧定套上的滚动轴承的装配方法相同，即控制径向游隙或相对轴向位移。装配时，退卸套压装在滚动轴承下面，滚动轴承以轴肩或定位套定位，拆卸时将退卸套从滚动轴承下面拉出。

任务四　制订滚动轴承装配工艺过程

任务描述

本任务要求根据滚动轴承装配图（图3-3）和零件图（图3-4、图3-5）制订图示组件的装配工艺路线。

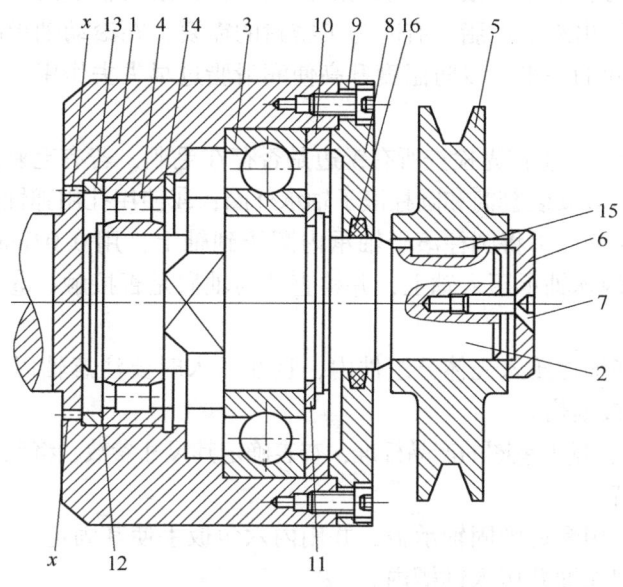

图3-3　滚动轴承装配图

1—箱体　2—轴　3—6208滚动轴承　4—NC1006滚动轴承　5—带轮　6—轴端挡圈　7—沉头螺钉　8—轴承盖　9—内六角圆柱头螺钉　10、13—套筒　11、12—轴用弹性挡圈　14—孔用弹性挡圈　15—键　16—毛毡圈

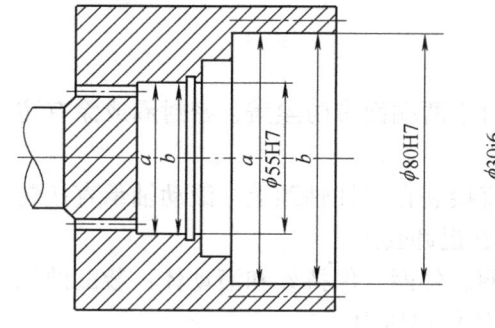

图3-4　滚动轴承壳体零件图

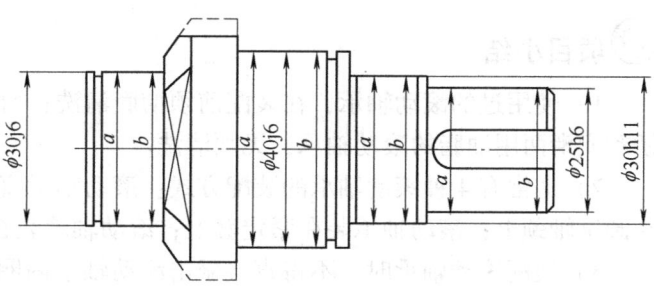

图3-5　滚动轴承安装轴零件图

1. 操作要求

1）制订定该设备装配的步骤。
2）根据有关标准，对滚动轴承及轴颈、壳体孔进行所需的检查。
3）正确地装配圆柱滚动轴承和深沟球轴承。

2. 工具与附件

工具：5mm内六角圆柱头螺钉扳手、顶拔器、钢锤、塑料锤、冲击套筒、弹性挡圈钳、一字形螺钉旋具、塞尺、润滑脂、清洁布。

测量和检验用工具：游标卡尺、外径千分尺、内径千分尺。

学习引导

1. 检查安装轴与孔的尺寸精度

检查安装轴与孔的尺寸精度，并判断各尺寸是否合格。

2. 滚动轴承的润滑

在滚动轴承安装时，通常在滚动轴承内加注润滑脂，滚动轴承两边需留有一定的空间以容纳从滚动轴承中飞溅出来的油脂。有时为了密封的需要，在滚动轴承的两边空间中加注润滑脂，但只能充填空间的一半，以防温度升高使润滑脂过早失去作用。

3. 装配路线

1）安装壳体分组件。①首先检查所有锐边是否存在毛刺，若有毛刺，应立即去除；②用润滑脂润滑滚动轴承；③安装套筒和圆柱滚子轴承外圈；④使用孔用弹性挡圈固定轴承外圈。

2）轴分组件的安装。①将圆柱滚子轴承内圈压到轴上，用0.03mm的塞尺检查其是否与轴肩接触；②将深沟球轴承压入轴上，并检查其与轴肩是否接触；③分别用轴用弹性挡圈固定两轴承。

3）将轴分组件仔细地压入壳体分组件内，且在压入时要注意辅以轻微的旋转，以防止圆柱滚子轴承的内圈被划伤。

4）安装毛毡圈。根据毛毡圈的产品标准，查表确定其尺寸参数，将毛毡圈塞入轴承盖槽内。

5）装配定位套筒。

6）装配轴承盖。用螺钉紧固轴承盖，并用内六角扳手使其固定。

7）装配键。将键涂油并压入键槽内。

8）装配带轮。在轴颈表面涂油将带轮压入轴上与轴肩接触，并用螺钉固定轴端挡圈。

9）检查带轮的运转情况。

项目小结

1）使用过的滚动轴承，在装配前须彻底清洗；对于两端面带防尘盖、密封圈或涂有防锈和润滑两用油脂的滚动轴承，无须清洗。

2）通常有4种滚动轴承的装配方式：滚动轴承直接装在圆柱轴颈上；滚动轴承直接装在圆锥轴颈上；滚动轴承装在紧定套上；滚动轴承装在退卸套上。

3）装配滚动轴承时，不得直接敲击滚动轴承内圈、外圈、保持架和滚动体；装配的压力应直接加在待配合的套圈端面上，绝不能通过滚动体传递压力。

4）滚动轴承套圈的压入方法有：套筒压入法、压力机械压入和温差法装配。

5）圆锥孔轴承的装配方法有：机械装配法、液压法、压油法和温差法。

项目二　密封件的装配

🎯 项目目标

1. 了解常用密封件的种类及其应用场合
2. 掌握常用密封件的装配技术
3. 能制订密封件装配工艺过程

课前思考

常用密封件有哪些？汽车哪些部位会装配密封件，各起什么作用？密封件装配工艺会对汽车质量产生什么影响？

项目内容

汽车制造中，密封件是必不可少的零件，主要起阻止介质泄漏和防止污物侵入的作用。在装配中要求密封件造成的磨损和摩擦力尽量小，又能够长期保持密封功能。

密封件可分为静密封件和动密封件。静密封件用于被密封零件之间无相对运动的场合，如密封垫和密封胶；动密封件用于被密封零件之间有相对运动的场合，如油封。

任务一　O形密封圈的装配

O形密封圈的装配

任务描述

了解O形密封圈的结构和应用情况，O形密封圈的装配时的润滑及O形密封圈的拆装工具，能够制订O形密封圈的装配步骤。

学习引导

O形密封圈是截面形状为圆形的密封元件。O形密封圈多由弹性橡胶制成，具有良好的密封性，同时具有自封能力，使用范围很广。多数情况下，O形密封圈安装在沟槽内，结构简单、成本低廉、使用方便，密封性不受运动方向的影响。

O形密封圈的作用是将被密封零件结合面间的间隙封住或切断泄漏通道，使被封堵的介质不能通过密封圈。O形密封圈可应用于滑动和旋转运动等动态场合，又能应用在静态场合，是一种通用密封元件。

1. 润滑

装配时，无论O形密封圈是用于静态或动态条件，O形密封圈和金属零件都必须有良好的润滑。由于某些润滑剂对橡胶品有不良影响，应采用惰性润滑剂。以矿物油、动物油、植物油或脂为基础的润滑剂，不适用于O形密封圈的润滑。

2. O形密封圈的拆装工具

在许多装配实践中，O形密封圈的装配和拆卸成了难题。大多数情况是O形密封圈的位置难以接近或尺寸太小，因此需要合适的工具进行操作。常用的 O 形密封圈拆装工具有尖锥、弯锥、曲锥、镊子、装配钩、刮刀等。

尖锥（图 3-6）用于将小型 O 形密封圈从难以接近的位置上拆卸下来，但尖锥易损坏 O 形密封圈，故适用不重要的场合。

弯锥（图 3-7）用于将 O 形密封圈从难以接近的位置中拆卸下来。操作时，将弯锥放入沟槽内，同时转动手柄并将手柄推向孔壁，从而将 O 形密封圈从沟槽中卸出来。

曲锥（图 3-8）用于将 O 形密封圈从沟槽中拆卸下来，也用于将 O 形密封圈拉入沟槽内。

镊子适用于不易用手对 O 形密封圈进行润滑的场合，可以将 O 形密封圈浸入液体润滑剂中，并将其送至需密封的地方。

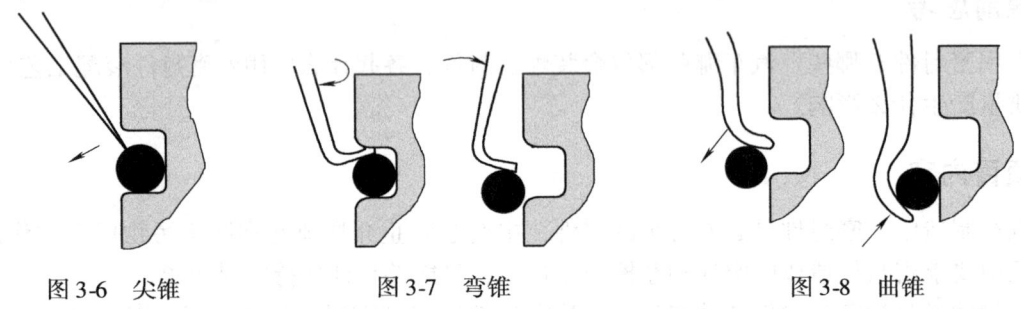

图 3-6　尖锥　　　　　图 3-7　弯锥　　　　　图 3-8　曲锥

装配钩（图 3-9）用于将 O 形密封圈放入沟槽内。操作时，首先将 O 形密封圈推过沟槽，再用装配钩的背将 O 形密封圈的一部分推入沟槽内，然后用其尖端将 O 形密封圈的另一部分完全地安装到位。

刮刀（图 3-10）适用于拆卸接近外表面处的 O 形密封圈，也可用于将 O 形密封圈放入沟槽中和向已安装的 O 形密封圈添加润滑剂。

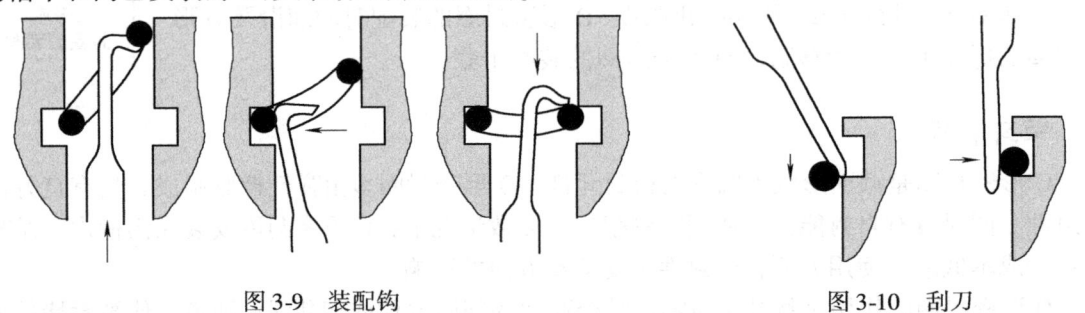

图 3-9　装配钩　　　　　　　　　图 3-10　刮刀

3. O 形密封圈的装配实例

说明图 3-11 所示装配图中 O 形密封圈的装配步骤。

O 形密封圈装配步骤如下：

（1）检查沟槽和密封圈

1）检查沟槽深度、沟槽宽度、端盖轴颈直径、沟槽直径、安装孔的直径。

2）检查沟槽表面质量。

3）检查 O 形密封圈表面质量和尺寸。

模块三　滚动轴承、密封件的装配

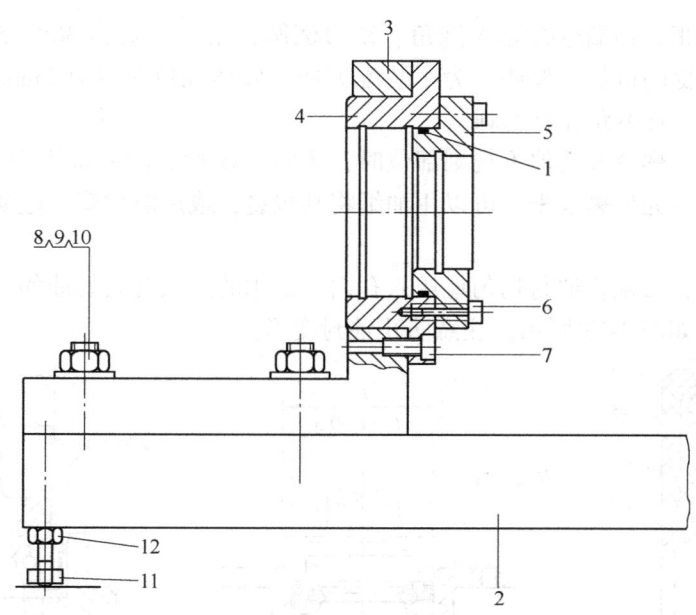

图 3-11　O 形密封圈装配图
1—O 形密封圈　2—底座　3—直角支承座　4—套杯　5—端盖　6、7—螺钉
8—螺栓　9—垫圈　10—螺母　11—调整螺钉　12—螺母

(2) 装配 O 形密封圈

1) 润滑 O 形密封圈。
2) 将 O 形密封圈放入端盖 5 的沟槽内，并防止 O 形密封圈发生扭曲变形。
3) 将端盖装入套杯 4 的圆柱孔中，均匀拧紧螺钉 6。
4) 检验所安装的密封圈是否达到密封要求。

任务二　油封的装配

任务描述

了解油封的结构与应用，掌握油封的安装方法，能制订油封的安装步骤。

学习引导

1. 油封的结构与应用

油封是最常用的密封件，适用于工作压力小于 0.3MPa 条件下对润滑油和润滑脂的密封，也可用于其他液体、气体、粉状和颗粒状固体物质的密封。油封常用于各种机械轴承处，特别是滚动轴承部位，可以把油腔和外界隔离，对内封油、对外防尘。油封的结构如图 3-12 所示。

油封具有回弹能力大的唇部，密封接触面宽度很窄（约为 0.5mm）。油封的截面形状及箍紧弹簧使唇口对轴具有较好的追随补偿性，能以较小的唇口径向力获得较好的密封效果。

2. 油封的安装

首先要对油封、轴以及孔进行严格的清理与清洗，然后在轴和油封上涂抹润滑油或脂。

由于安装时油封扩张,轴端应有导入倒角、锐边倒圆,角度一般为30°~50°。倒角上不应有毛刺、尖角和粗糙的机加工痕迹。为了装配方便,腔体孔口至少有2mm长度的倒角,其角度应为15°~30°,且不允许有毛刺。

当轴上有键槽、螺纹或其他不规则部位时,为防止密封唇沿着轴表面滑动而损坏油封,轴的这些部分必须事先包裹起来,可以用油纸将其包裹,或用防护套、金属或塑料安装套将其盖住。

在安装油封时,必须将油封均匀地压入孔内。采用的压入套筒要能使压力通过油封刚性较好的部分传递,如图3-13所示,注意防止油封变形。

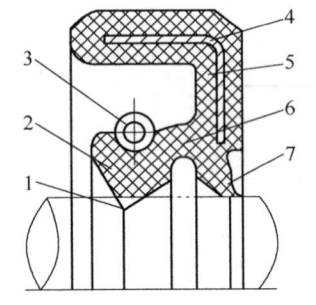
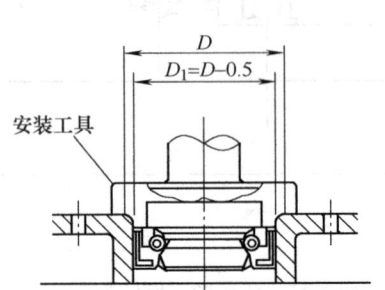
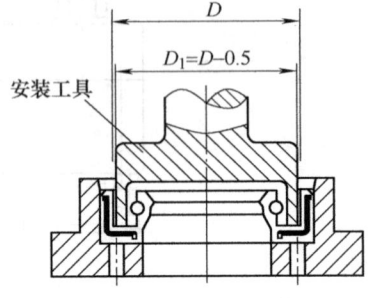

图3-12 油封的结构
1—唇口 2—冠部 3—弹簧 4—骨架 5—底部 6—腰部 7—副唇

图3-13 油封的安装方法

3. 油封的装配实例

说明图3-14所示的装配图中油封的装配步骤。

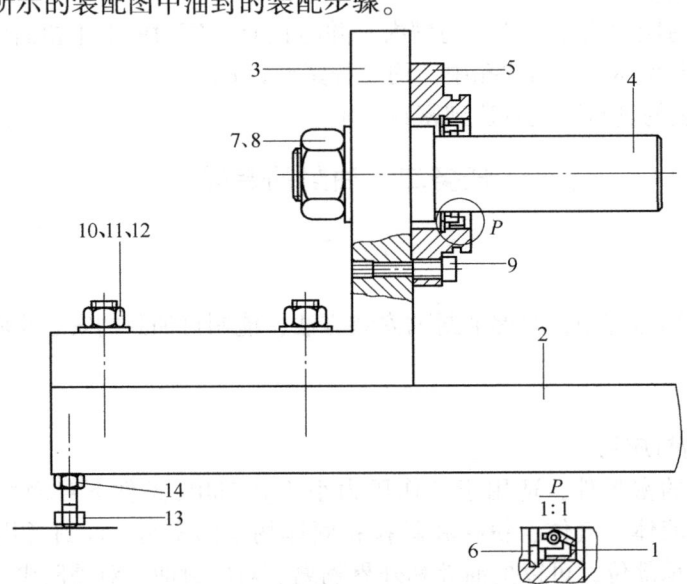

图3-14 油封装配图
1—油封 2—底座 3—直角支承座 4—轴 5—端盖 6—弹性挡圈 7—螺母 8—垫圈 9—螺钉 10—螺栓 11—垫圈 12—螺母 13—调整螺钉 14—螺母

油封装配步骤如下:

(1)油封和安装孔径的检验

1) 对照图样测量油封各个尺寸。
2) 检验油封是否有损坏和磨损。
3) 清洗各个零件、油封、轴和安装孔。
4) 用内径千分尺测量安装油封孔的孔径。
5) 用外径千分尺测量轴径。

(2) 油封的装配

1) 将轴 4 装至直角支承座 3 上，并用螺母 7 和垫圈 8 紧固。
2) 在油封 1 和轴上涂抹润滑脂。
3) 用少许润滑脂润滑孔壁。
4) 在端盖内装上弹性挡圈 6。
5) 将油封 1 装入端盖 5 孔内，并使其开口向内，使油封的密封唇朝向介质方向。
6) 使用合适的装配衬套和塑料锤将油封 1 均匀压入端盖 5 孔内，确保油封配合良好（严禁用塑料锤直接敲打油封）。
7) 将装有油封的端盖 5 套至轴上，用 3 个圆柱头螺钉 9 将端盖紧固。
8) 检验油封是否达到密封要求。

任务三　密封垫的装配

密封垫的装配

📖 任务描述

了解密封垫的应用，掌握对密封垫的要求和密封垫的安装。

📖 学习引导

密封垫广泛用于管道、压力容器以及壳体接合面的静密封中，密封垫有非金属密封垫、非金属与金属组合密封垫、金属密封垫三大类。

1. 密封垫的要求

（1）良好的密封能力　密封垫要在较长时期内保持密封。螺栓旋紧时，垫片被压，同时发生径向延伸或蠕动，从而可能出现界面泄漏，所以密封垫应有高抗蠕动能力。

（2）高致密性　密封垫具有高的致密性可防止产生渗透泄漏，防止因压力差而导致介质从高压侧通过密封垫的微缝隙渗漏到低压侧。

（3）抗高温和抗化学腐蚀能力　密封垫材料须根据内部压力、温度、外部压力、抗化学腐蚀能力、密封面的形状和表面条件等确定。

2. 密封垫的安装

安装密封垫时，要注意以下几点：

1) 将被密封表面清洗干净，清除旧密封垫的残留物。
2) 检查被密封表面是否平直，是否已受损。
3) 安装密封垫时，须在密封垫上涂抹润滑脂。
4) 需用成组螺母紧固时，螺母要分次逐步拧紧，根据螺栓的分布情况按一定的顺序拧紧螺母。
5) 全部螺栓或螺母须用相同的力矩旋紧。

6) 对密封垫是否达到要求进行检查。

项目小结

1) 密封件可分为静密封件和动密封件。静密封件用于被密封零件之间无相对运动的场合，如密封垫和密封胶；动密封件用于被密封零件之间有相对运动的场合，如油封。

2) O 形密封圈的作用是将被密封零件结合面间的间隙封住或切断泄漏通道，使被封堵的介质不能通过密封圈。O 形密封圈可应用于滑动和旋转运动等动态场合，也可应用在静态场合。

3) 油封安装时，首先要对油封、轴以及孔进行严格的清理与清洗，然后在轴和油封上涂抹润滑油或脂。由于安装时油封扩张，轴端应有导入倒角、锐边倒圆。当轴上有键槽、螺纹或其他不规则部位时，必须事先包裹起来。在安装油封时，必须将油封均匀地压入孔内。

4) 密封垫广泛用于管道、压力容器以及壳体接合面的静密封中，密封垫有非金属密封垫、非金属与金属组合密封垫、金属密封垫三大类。

复习思考题

1. 滚动轴承装配前的准备工作有哪些？
2. 滚动轴承清洗的方法有哪些？简述其操作要点。
3. 简述滚动轴承装配的基本原则。
4. 装卸 O 形密封圈时的工具有哪些？叙述其操作方法。
5. 叙述油封的安装技术要点。

模块四　传动机构的装配

项目一　齿轮传动机构的装配

🎯 项目目标
1. 掌握齿轮的校准方法
2. 能够正确测量、调整齿轮齿侧间隙

课前思考
汽车上有哪些齿轮传动结构？齿轮传动有什么特点？齿轮传动机构装配工艺会对汽车质量产生什么影响？

项目内容
齿轮传动依靠轮齿间的啮合传递运动和转矩。齿轮传动的主要优点是：传动功率和速度的适用范围广；具有恒定的传动比；传动平稳；传动效率高；工作可靠；使用寿命长；结构紧凑。其缺点是：制造和安装精度要求高；价格较贵；精度低时振动和噪声大；不宜用于轴向距离大的传动等。

任务一　齿轮的校准

任务描述
本任务要求能够对齿轮进行水平校准和垂直校准。

学习引导
齿轮传动装置中的齿轮在使用前需要进行校准。齿轮的校准对于机构的良好运行极为重要，校准良好的齿轮可以保证传动装置良好运行和较长的使用寿命。如果齿轮之间出现倾斜或轴向偏移量过大，轮齿会迅速磨损，损耗加大，同时轴承和联轴器也将磨损加剧。

1. 齿轮的水平校准

轴向滑动齿轮轴或齿轮，使相互啮合的齿轮端面处于同一平面，使用直尺或刀口直尺检查齿轮的水平位置。

2. 齿轮的垂直校准

（1）测量齿轮轴向圆跳动误差　使用百分表找出齿轮轴向圆跳动的最大点和最小点，使相互啮合两齿轮的轴向圆跳动最大点和最小点都位于两轮中心线上，则轮子的轴向圆跳动误差不会影响轮子垂直方向校准的测量值。

(2) 测量直尺与轮子端面的间隙 以小齿轮为基准面,用直尺分别在齿轮的中心线上方(最好接近齿轮上端)和下方(最好接近齿轮下端)测量直尺与齿轮端面之间的间隙值。如果在大轮的上方和下方之间测量出差值,可以在轴承组件下填入垫片,校正两轮垂直方向的相对位置误差,最大偏差量不应超过 0.10mm。

任务二　调整齿侧间隙

任务描述

本任务要求理解齿轮齿侧间隙调整的必要性,掌握齿轮齿侧间隙的确定方法,能够正确调整齿轮齿侧间隙。

学习引导

齿轮的啮合质量包括适当的齿侧间隙、一定的接触面积以及正确的接触位置。在实际装配操作中,常常重点检查齿轮啮合的齿侧间隙。

齿侧间隙是相互啮合的两齿轮间沿着法线方向的轮齿齿侧之间的间隙。如果没有齿侧间隙,齿轮传动过程中由于轮齿制造误差、传动系统的弹性变形以及热变形等因素,会出现啮合轮齿卡死的情况。同时,为了在啮合轮齿之间存留润滑剂等,在啮合齿对的齿厚与齿间留有适当的间隙。侧隙过小,齿轮传动不灵活,热胀时易卡齿,加剧磨损;侧隙过大,则易产生振动和冲击。

1. 齿侧间隙的确定

通常根据齿轮的模数、中心矩、尺寸精度和齿轮的应用范围选择齿侧间隙。齿侧间隙不需计算,通常查表确定。根据实际应用情况的不同,齿侧间隙分为不同等级。

1) 间隙等级1:用于高精度要求的场合。可以将其中一个齿轮固定,用测量仪器测量齿轮的齿侧间隙。

2) 间隙等级2:用于一般精度以上的要求,适用于转向变化和没有振动的场合。

3) 间隙等级3:为通用间隙等级,常用于普通的机械工程设备。

4) 间隙等级4:可用于齿轮和外壳温度有很大差异的场合。

5) 间隙等级5:用于开式齿轮传动中。在这种场合中,污物容易进入齿轮轮齿之间而引起轮齿磨损。

2. 齿侧间隙的检查、调整

齿轮装配后要检查、调整齿侧间隙使其在两个极限值之间并接近最小的齿侧间隙值。调节齿轮后,还须定期检查。可用百分表、塞尺或铅丝测量齿侧间隙。

(1) 压铅丝检验法 在齿轮4个不同位置测量齿侧间隙,每次测量后将轮子旋转90°。通过这种方法,可以确定齿轮的摆动或偏心误差。

1) 取两根直径相同的铅丝,其直径不宜超过最小间隙的4倍。

2) 在齿宽两端的齿面上,平行放置两条铅丝。

3) 转动齿轮,将铅丝压扁。铅丝必须在一个方向上转动后压扁,齿轮不能来回转动。

4) 用千分尺测量铅丝被挤压后最薄处的尺寸,即为侧隙。

如果齿侧间隙不合乎要求,可通过调整齿轮所在轴的位置使齿侧间隙达到规定的要求。

(2) 百分表检验法 用百分表测量侧隙的方法如图 4-1 所示。测量时，将一个齿轮固定，在另一个齿轮上装上夹紧杆。由于侧隙存在，装有夹紧杆的齿轮便可摆动一定角度，在百分表上得到读数 C，则齿侧间隙 Cn 为

$$Cn = C\frac{R}{L}$$

式中，R 为安装夹紧杆齿轮的分度圆半径，L 为夹紧杆长度，单位均为 mm。

可将百分表直接抵在一个齿轮的齿面上，另一个齿轮固定。将接触百分表触头的齿从一侧啮合迅速转到另一侧啮合，百分表上的读数差值即为侧隙值。

侧隙与中心距偏差有关，在装配中可通过微调轴中心距进行侧隙的调整。有些装置中，中心距由加工保证，可通过精刮轴瓦来调整侧隙。

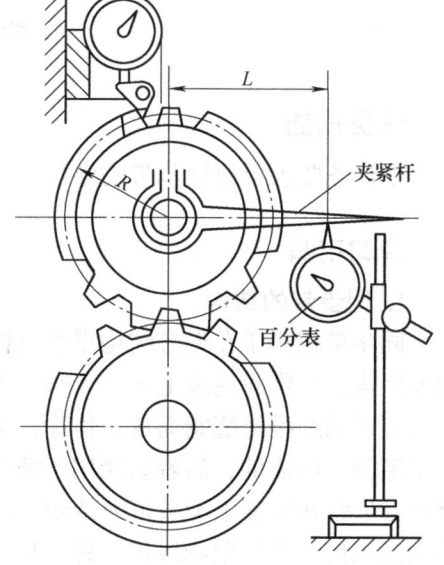

图 4-1 用百分表测量侧隙

项目小结

1）齿轮传动装置中的齿轮在使用前都要进行校准。齿轮传动校准包括水平校准和垂直校准。

2）齿轮装配后要检查、调整齿侧间隙，使其在两个极限值之间并接近最小的齿侧间隙值。调节齿轮后，还须定期检查。可用百分表、塞尺或铅丝测量齿侧间隙。

项目二 同步带传动机构的装配

项目目标

1. 了解同步带的结构、参数及其应用范围
2. 掌握同步带张紧量的测量与调整技术
3. 掌握正确调整同步带张紧量的方法

课前思考

汽车上哪些部分是同步带传动？同步带传动有什么特点？同步带传动机构装配工艺会对汽车质量产生什么影响？

项目内容

同步带传动具有带传动和链传动的一些优点：传动稳定、传动比准确、所需张紧力较小；传动效率高达 98%~99%；同步带轻薄，适用于高速传动，速度可达 40m/s，有时允许达到 80m/s；带的柔韧性好，可用于较小直径的带轮，传动结构紧凑；传动比较大（可达到 20）；传递功率较大（可达 100kW）。其缺点是制造和安装都需要较高精度，成本较高。在

汽车上，同步带主要应用在要求传动比准确的发动机配气传动机构。

任务一　同步带的装配

任务描述

本任务要求了解同步带的结构、同步带轮的种类，掌握同步带的装配方法。

学习引导

1. 同步带的结构

同步带相当于在绳芯结构平带基体的内表面沿带宽方向制成一定形状（梯形、弧形等）的等距齿，与带轮轮缘上相应齿啮合进行运动和动力的传递。其抗拉体由金属丝绳、合成纤维线或玻璃纤维绳绕制而成，传递拉力并保持带齿的齿距恒定；带体多由橡胶制成，也有用聚氨酯浇注而成的，后者只能用于载荷小或有耐油要求的传动；为了提高橡胶同步带齿的耐磨性，通常在齿面上覆盖尼龙或织布层。同步带带齿有梯形齿和弧齿两类，弧齿有圆弧齿、平顶圆弧齿、凹顶抛物线齿三种，梯形齿同步带有单面同步带和双面同步带两种类型。

2. 同步带轮

同步带轮有双边挡圈带轮、单边挡圈带轮、无挡圈带轮三类。

随着同步带轮中心距的增加，同步带滑脱带轮的可能性也增加。如果两轮间的中心距大于最小同步带轮直径的 8 倍，两个同步带轮应有侧边挡圈。

3. 同步带的装配

同步带应能比较容易地装到同步带轮上。当同步带轮有一侧向挡圈时，同步带在套装到同步带轮上时不能绕经挡圈，这样会导致抗拉体破坏，虽然这种破坏很难从带表面看出来，但载荷作用下将使同步带破坏。由于同步带与同步带轮之间没有滑动，同步带对振动载荷很敏感。

磨损会使同步带强度降低，易于断裂。若有破裂、黑灰或磨损痕迹时，该同步带需要更换。

任务二　同步带的张紧

任务描述

本任务要求理解同步带张紧的作用和必要性，能够正确计算同步带张紧的挠度，会合理选择同步带。

学习引导

将传动带进行适当张紧，使传动带具有一定预紧力是带传动正常工作的前提。同步带上的齿与同步带轮齿相啮合传递运动，同步带不会打滑，所需的预紧力比 V 带小。若同步带的预紧力过小，同步带会被轮齿向外压出发生变形，不能与同步带轮齿良好地接触，从而传递功率降低。如图 4-2 所示。如果变形太大，同步带将发生跳齿现象，导致同步带和同步带轮损坏。若预紧力太大，会缩短同步带、同步带轮、轴和轴承等的使用寿命。

在同步带传动中，预紧力是通过在同步带与同步带轮的切边中点处加一个垂直于带边的测量载荷 F，使其产生规定的挠度 D 来控制的，如图 4-3 所示。其正确张紧时的规定挠度 D 与距离 S 成正比，可通过式子 $D = S/64$ 得出。

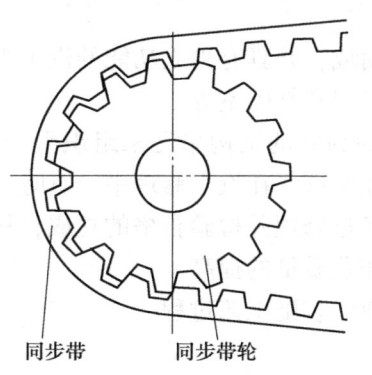

图 4-2　同步带的变形

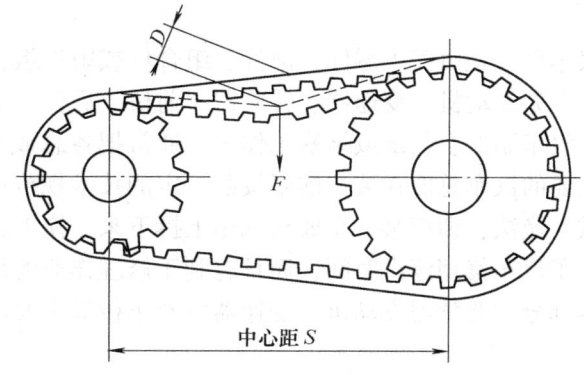

图 4-3　同步带预紧力的控制

同步带的中心距、轴直径、高速轴的速度、传动比、传递的功率等数据对于正确选择同步带非常重要，通过这些数据可以确定同步带的类型、同步带的宽度、同步带和同步带轮的齿距、同步带的长度等参数。根据同步带的宽度和类型，通过查表就可以确定测量同步带顶紧力所需的测量力 F 的大小。

项目小结

1）同步带应能比较容易地装到同步带轮上。当同步带轮有一侧向挡圈时，同步带在套装到同步带轮上时不能绕经挡圈。同步带对振动载荷很敏感。

2）同步带所需的预紧力比 V 带小。若同步带的预紧力过小，同步带会被轮齿向外压出发生变形，不能与同步带轮齿良好接触，从而传递功率降低。如果变形太大，同步带将发生跳齿现象，导致同步带和同步带轮损坏。

复习思考题

1. 简述齿侧间隙的等级。
2. 简述齿侧间隙的检查与调整要求。
3. 简述同步带的结构。
4. 为什么同步带要适度张紧？

学习领域二　汽车主要总成装配工艺

　　汽车总成是由若干零件、部件、组合件或附件组合装配而成，并具有独立功能的汽车组成部分，如发动机、变速器、转向器、前桥、后桥、车身、车架和驾驶室等。

　　在汽车制造、装配或维修工作中，通常把各总成分别作为独立的结构单元来组织生产。一些主要的汽车总成在装车前要按照一定的技术规范进行性能测试。在汽车修理中，有时采取总成互换法，即把某一总成从汽车上拆下来，换上新的或经过修理并检验合格的总成，从而缩短了汽车修理停厂时间，而且有利于修理作业的组织和作业质量的提高。

　　本部分主要学习发动机、变速器以及车桥等主要汽车总成的装配工艺过程。

模块五　汽车发动机装配工艺

发动机装配是发动机制造工艺中的最后一步，它是把经检验合格的数以百计的各类零部件，按照规定的精度标准和技术要求组合成分总成、总成、整机，并经过严格的测试程序，确认其是否合格的整个工艺规程。发动机装配质量的好坏直接关系到发动机的整体性能和质量。

基于发动机装配具有零件种类多、数量大、作业内容复杂的特点，零部件的装配除了曲柄连杆机构和配气机构两大机构外还有起动系统、点火系统、燃油供给系统、润滑系统、冷却系统五大系统。其中操作内容主要有过盈配合、螺纹连接、键连接、销连接、粘接和配线等。

综上所述，除产品设计先进、零件制造精良外，好的装配工艺是保证发动机产品的质量、降低生产成本和提高劳动生产率的重要因素。装配的生产组织，生产线、设备、工具、检验手段的配备都是提高装配自动化程度的，也是发动机装配的重要课题。

项目　汽油发动机装配

发动机是将某一种形式的能量转化为机械能的机器，是汽车的动力装置。发动机根据使用燃料的不同主要分为汽油发动机和柴油发动机两大类。汽油发动机和柴油发动机是现代汽车上应用最为广泛的两种发动机，也是本模块讨论的主要对象。发动机的结构形式多种多样，最为普遍的是四冲程往复活塞式发动机，它一般由曲柄连杆机构、配气机构、燃料供给系统、润滑系统、冷却系统、点火系统（仅用于汽油内燃机）和起动系统组成。

项目目标

1. 了解汽油发动机装配的基本原则
2. 知道发动机在车辆上的安装位置及与传动系统、车身的连接关系
3. 掌握发动机总成的调整和磨合

课前思考

汽油发动机由哪几大部分组成？汽油发动机各部位的装配有什么特点？装配工艺对发动机的正常工作有什么影响？

项目内容

任务一　发动机总成的装配

任务描述

本任务要求对发动机总成有一个概念性的了解，能够掌握发动机装配工

发动机总装

作的基本内容和顺序。

学习引导

发动机是汽车的心脏，发动机性能的好坏决定车辆行驶的安全性，因此发动机制造厂在组装发动机的过程中，必须做到高标准、高精度、可追溯。

1. 发动机装配的基本要求

1) 发动机的装配应在专用车间或清洁场地进行。

2) 在发动机装配过程中，应做到工件不落地。

3) 准备装合的零部件及总成都要经过检验及试验，必须保证质量合格。

4) 必须按工艺规定，将所有零部件、总成全部装上，不得有漏装、少装，甚至误装、错装现象。

5) 严格保持零部件、润滑油道清洁。

6) 关键部位组合件间的配合间隙，如活塞与气缸、曲轴轴颈与轴承以及轴类零件的轴向间隙、正时齿轮的啮合间隙、配气机构的配气相位、气门间隙等，都必须符合装配技术标准。

7) 按工艺要求，凡润滑部位必须加注定量的润滑油和润滑脂。如果润滑油过少或漏加，发动机起动后，很快会造成齿轮磨损，出现拉缸现象，加速整机损坏；如果润滑油加注过多，发动机运转时润滑油很容易窜到燃烧室，燃烧后会产生积炭；因此加油量必须按工艺要求加注。

8) 装配过程中，应使用规定的工具，采取正确的操作方法和手段，防止零部件损伤以及设备和人员的安全事故发生，禁止野蛮操作。

2. 装配中的注意事项

1) 装配中所有的工、量具应齐全、合格，尽量使用专用器具装配。

2) 确保各密封部位的密封，重要密封部位应涂密封胶，平面密封胶和螺纹密封胶按要求使用。

3) 各部位的紧固螺栓、螺母应按规定的紧固力矩、紧固顺序和方法拧紧。应交叉紧固的必须交叉紧固，否则会造成螺母松动现象，带来安全隐患。

4) 严格按照装配工艺进行装配，各部位的配合性质均应符合技术要求。

3. 发动机总成的装车

发动机舱空间窄小，所有管路、导线都必须按规定位置装好，并与运动部件及发热部件间留有足够的间隙。安装过程中不能将管路和导线压坏。其操作过程主要有以下几步：

(1) 安装离合器总成（图5-1）

1) 飞轮、离合器盖、离合器从动盘的摩擦结合面应清洁无异物和油。

2) 将专用同轴塞柱插入飞轮孔，将离合器从动盘装入飞轮后，再安装离合器。

3) 离合器盖紧固螺栓按规定力矩拧紧，安装完毕后取出同轴塞柱。

(2) 安装变速器（图5-2）

1) 检查变速器分离轴承的装配正确性和灵活性，轴承应转动灵活，无卡滞现象。

2) 将变速器轴涂上薄薄的一层润滑脂，装上变速器。

3) 装上变速器与曲轴箱的连接螺栓，用扳手以规定力矩拧紧连接螺栓。

图 5-1 离合器装配示意图
1—离合器摩擦片总成 2—离合器盖总成
3—离合器盖组合螺栓

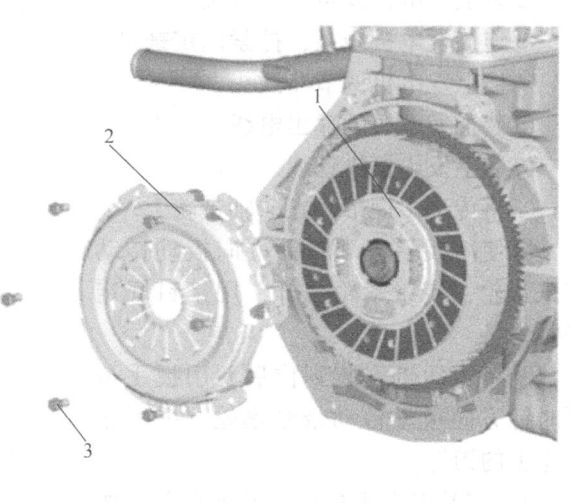

图 5-2 变速器总成装配示意图
1—变速器总成 2—六角法兰面螺栓
3—曲轴箱与变速器连接定位销

4) 装上发动机两侧与车身的固定螺栓。
5) 装上液力变矩器与飞轮的连接螺栓（自动变速器车辆），并按规定力矩拧紧。
6) 安装起动电动机，按规定力矩拧紧曲轴箱与变速器、变速器与起动机的连接螺栓。
7) 装上起动机电源线和控制线。
8) 装上变速器前部支架（手动变速器汽车）。
9) 装上后部支架与变速器支承的连接螺栓。
10) 装上发动机前部与车身的连接扭力臂固定螺栓。
11) 按规定力矩拧紧发动机两侧与车身的固定螺栓。
12) 装上变速器上的车速传感器和倒车灯开关插头。
13) 装上车身上的搭铁线。
14) 取出安装吊车及吊装铁链。
15) 装上传动轴。

(3) 安装排气管
1) 装上排气管密封垫及排气管，以规定力矩拧紧排气歧管与排气管的连接螺母。
2) 装上排气管吊架。

(4) 安装动力转向液压泵
1) 装上动力转向液压泵，拧紧固定螺栓。
2) 拧紧油管固定螺栓。
3) 装上动力转向液压泵带轮，装上紧固螺栓并按规定力矩拧紧。

(5) 安装交流发电机总成、水泵传动带
1) 安装发电机。

①将发电机放到发电机支架上。
②装上发电机固定螺栓并按规定力矩拧紧。
③连接发电机线束，拧紧固定螺母。
④插上发电机调节器插头。
⑤装上发电机的输出电线。
⑥装上发电机搭铁线。
⑦将传动多楔带套在曲轴带轮上。
⑧使用扳手按顺时针方向扳动传动带张紧轮，使张紧轮张开，用销钉固定张紧轮。
⑨将传动带安装到位后，用扳手按顺时针方向扳动传动带张紧轮，拆下张紧轮上的销钉。

2）安装发电机总成。发电机总成的安装如图5-3所示。

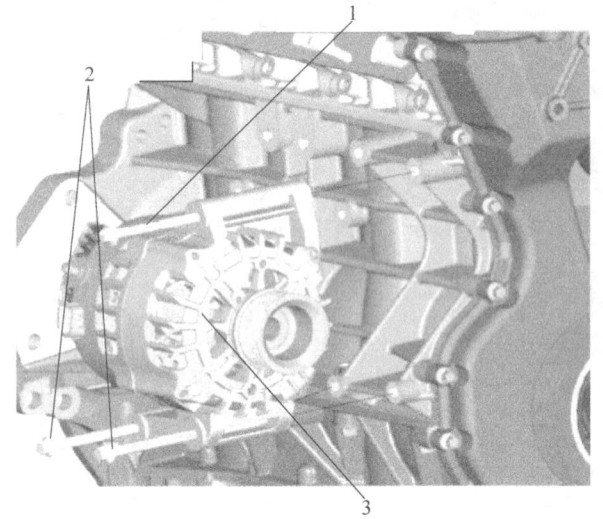

图5-3 发电机总成装配示意图
1—发电机与曲轴箱连接短螺栓 2—发电机与曲轴箱连接长螺栓 3—交流发电机总成

①安装发电机托架到机体上，将紧固螺栓按规定力矩拧紧。
②将发电机总成安装到发电机托架上，并装入六角法兰面螺栓，按规定力矩拧紧。
③安装油位计导管，将紧固螺栓按规定力矩拧紧。

3）安装水泵传动带。
①在曲轴正时带轮上安装曲轴带轮总成，按规定力矩拧紧螺栓。
②在水泵法兰盘上安装水泵带轮，将紧固螺栓按规定力矩拧紧。
③安装水泵传动带，调整张紧轮调节螺栓和水泵传动带的张紧程度：当在水泵带轮和曲轴带轮中间施以100N压力时，其挠度应为5~6mm，如图5-4所示。
④调整传动带张力合格后，按规定力矩拧紧张紧轮螺栓。

（6）安装空调压缩机（图5-5）
1）装上空调压缩机及支架，装上紧固螺栓。
2）按拆下时的方向记号装上空调压缩机传动带。多楔带上的筋条应完全卡入带轮的楔槽中。
3）调整好空调压缩机传动带

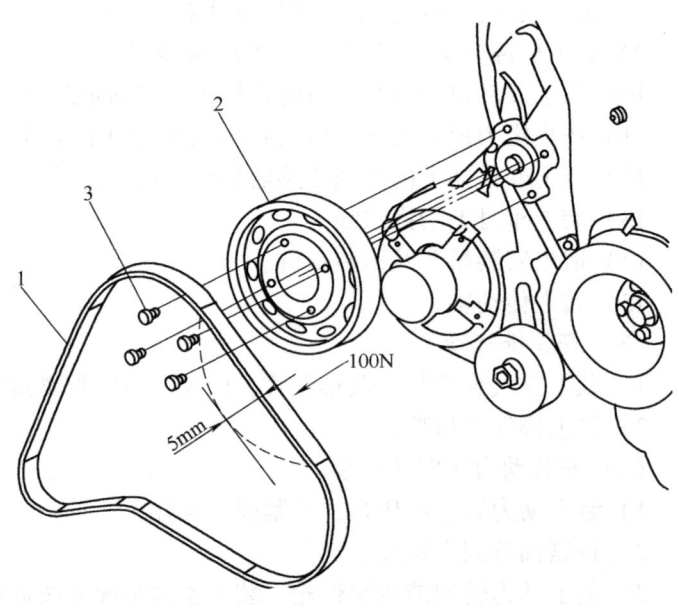

图5-4 水泵传动带挠度调整示意图
1—水泵带轮 2—水泵带轮螺栓 3—水泵传动带

的张紧力，按规定力矩拧紧空调压缩机固定螺栓。

4）装上飞轮下盖板，并用螺栓固定。

5）装上机油尺托架，拧紧托架固定螺栓，插上机油尺。

(7) 安装散热器及冷却系统部件

1）装上散热器电动风扇和散热器。

2）装上自动变速器油管。

3）插上电动散热风扇和热敏开关上的电线插头。

4）装上冷却液下橡胶软管。

5）装上缸盖出水管接头。

6）装上暖风热交换器的冷却液软管。

7）装上冷却液上水管与缸盖出水管接头的冷却液上橡胶水管。

8）装上冷却液上水管与散热器的冷却液上橡胶软管。

9）装上冷却液膨胀箱。

10）装上散热器排气管和发动机水套排气小软管。

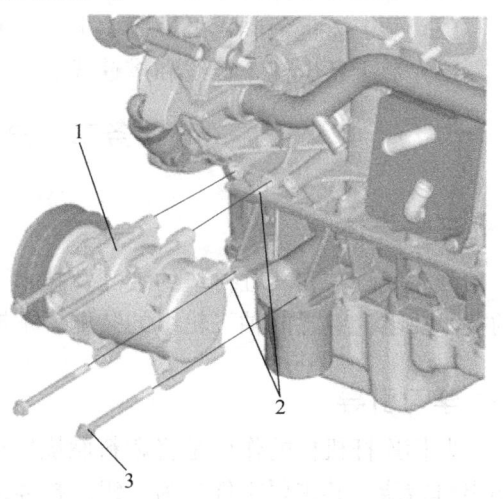

图 5-5　压缩机总成装配示意图
1—压缩机总成　2—压缩机定位销
3—压缩机与曲轴箱连接螺栓

11）装上冷却液膨胀箱水管。

(8) 安装进气系统附件

1）装上节气门体，装上紧固螺栓，并按规定力矩拧紧。

2）装上节气门热水管。

3）插上节气门位置传感器的插头。

4）装上节气门操纵拉索，调整拉索使其活动灵活。

5）装上空气滤清器罩壳、空气流量计、空气滤清器及空气管路。

6）插上炭罐和真空助力器的真空管。

7）装上分油管上的进油管和回油管以及曲轴箱通风软管。装上进气歧管罩并用固定螺栓固定。

(9) 安装电线插头及附件

1）连接发动机线束，并将发动机线束固定在指定位置。

2）将喷油嘴插头移到相应位置，插上插头。

3）插上点火控制器插头。

4）装上进气压力传感器，按规定力矩拧紧固定螺栓。

5）插上进气压力传感器插头。

6）装上活性炭罐电磁阀，插上空气流量计、活性炭罐电磁阀、氧传感器、进气温度传感器的电线插头。

7）装上发动机转速传感器、凸轮轴位置传感器、冷却液温度传感器、机油压力报警器、爆燃传感器、氧传感器的电线插头。

8）装上发动机控制单元（ECU）的两电线插头，并推入卡簧手柄。

9）加入冷却液至冷却液储液罐最高点标记处。
10）加注润滑油使其液面达到油量标尺两刻线中间位置。
11）装上蓄电池固定支架。
12）装上蓄电池和蓄电池固定卡子，并用螺栓固定。
13）装上蓄电池正极线和搭铁线。

任务二　曲柄连杆机构的装配

任务描述

熟悉气缸盖和气缸衬垫的装配及技术要求；熟悉活塞连杆组的装配，掌握活塞连杆装配的技术要求；熟悉曲轴飞轮组的装配，掌握曲轴、飞轮装配的技术要求。

学习引导

曲柄连杆机构的作用是将燃料燃烧后作用在活塞顶上的压力转变成曲轴的转矩，以向外输出机械能。其主要零件分为三组：机体组、活塞连杆组和曲轴飞轮组。发动机机体组是发动机的骨架，是发动机各机构、系统和各种附件的装配基体，现代汽车机体组主要由气缸盖、气缸体、曲轴箱、气缸衬垫、油底壳和气缸套等不动件组成；活塞连杆组主要由活塞、活塞环、活塞销和连杆等运动件组成；曲轴飞轮组主要由曲轴、飞轮、扭转减振器和带轮等旋转件组成。

1. 气缸盖和气缸衬垫的安装

（1）注意事项

1）正时带没安装前，不允许活塞处在上止点位置时转动凸轮轴，以防顶坏活塞和气门。

2）气缸盖螺栓的安装必须按规定的顺序和一定的力矩分次拧紧。

（2）安装气缸盖

1）清洁气缸衬垫、气缸盖和气缸体接触表面。

2）检查气缸盖螺栓孔，不能有油或脏物。

3）转动曲轴，使1缸活塞处于上止点位置，将曲轴再略微反向旋转，使1缸活塞偏离上止点。

4）将气缸垫放在气缸体的上平面上，位置按标记对准。

5）将已组装好的气缸盖总成平稳、轻轻地对准缸体放下，避免放不准而反复移动缸盖使气缸垫位置移动。

6）装入气缸盖螺栓并略微拧紧。

7）按规定力矩，分2~3次拧紧气缸盖螺栓。

8）对于铸铁气缸盖，必须在发动机热态时将气缸盖螺栓按规定力矩和顺序分次均匀地拧紧。

9）安装正时齿形带上护罩。

（3）安装发动机附件

1）安装进气管和排气管。

2)安装冷却液管和真空管。

3)安装各传感器的导线插头。

4)安装发动机罩。

2. 活塞连杆组的装配

(1)注意事项

1)活塞、连杆都有规定的朝向,安装时,朝前标记不能错。

2)安装活塞销时,要使用专用工具或加热到60℃进行。

3)活塞销挡圈开口要与活塞销孔上的缺口错开。

4)3道环的开口要错开120°。

5)连杆盖与连杆大头轴承,活塞、连杆与连杆轴瓦应按标记配对,检查安装方向及对应气缸是否准确无误,然后进行装配。

6)安装前,所有工作中需要润滑的零件(如连杆轴颈、活塞与气缸表面、活塞环及活塞销等)表面都涂上润滑油加以润滑。

(2)活塞连杆组件的装配

1)活塞环的安装应满足以下要求:

①气环、刮环装入活塞相应的环槽,分别将其有标记面朝向活塞顶面装配。

②钢带组合油环中的衬环开口处应对接,不得搭接。

活塞连杆组件的装配

2)组装活塞、连杆,活塞顶面箭头"→"标志指向汽油机前端,连杆喷油孔应位于进气侧。

3)活塞销两端的活塞销卡环应安装到位,全部位于卡环槽内,其开口调整至朝活塞顶面或底面。

(3)活塞、连杆组的安装

1)装配于同一台汽油机的活塞及连杆总成均应为同一质量组,且任意两组活塞连杆总成质量差应不大于5g。

活塞连杆的安装

2)活塞与气缸孔应按规定的尺寸分组标记进行选配,其配合间隙为0.02~0.04mm。

3)连杆轴瓦应按规定的尺寸分组标记进行选配,并装入同缸号的连杆体和连杆盖内,贴合应良好。

4)安装连杆盖时,严禁移动和敲击螺栓。

5)活塞连杆装入缸时调整各环口应处于图5-6所示的位置,且活塞顶的箭头标志指向汽油机前端,连杆喷油孔位于进气侧,并应用专用保护套保护其螺纹部分,确保缸孔壁和连杆轴颈不被撞伤、划伤。

6)连杆盖应与同缸号的连杆体相配合,将带有组合标记的连杆和连杆盖装配在一起,且其盖上的箭头"←"应指向发动机前端。

7)在连杆螺栓螺纹上涂以汽油机机油,按规定力矩拧紧螺母。螺母按2、3、1、4缸的顺序拧紧或用拧紧机同

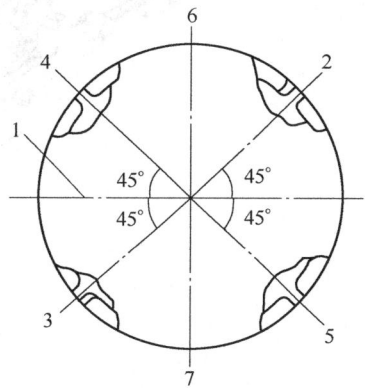

图5-6 活塞环口装配位置示意图
1—活塞顶箭头标志 2—气环环扣
3—刮环环扣 4—下刮油环环口
5—上刮油环环口 6、7—衬环环扣

时拧紧。

8）安装完毕，曲轴的转动力矩应不大于 12N·m，转动应平顺，无卡滞现象。

（4）将活塞连杆组装入气缸

1）活塞入缸装配注意事项：

①缸内应清洁干净。

②活塞入缸时其活塞箭头方向应指向缸体小端。

③活塞色标应与缸孔对应一致。

④连杆螺母扭力要达到规定要求。

2）活塞连杆总成入缸：

①使缸体平卧，保证气缸筒清洁，并涂上润滑油。

②彻底清洗活塞连杆组各零件，并清洁曲轴轴颈和连杆轴颈。

③在活塞环上涂上润滑油，将各道活塞环开口方向错开 120°，第一道环开口方向远离主受力面并与活塞销中心线错开 45°。

④分别在活塞裙部、活塞销和连杆大头轴承表面涂上润滑油。

⑤转动曲轴使 1、4 缸连杆轴颈处于下方位置，将 1、4 缸的活塞连杆组件装入气缸，活塞裙部箭头和连杆的朝前标记必须朝向发动机同步带端。

⑥用活塞环抱箍缩紧活塞环后，将活塞连杆总成放入气缸，再用锤柄或木棒将活塞连杆组件轻轻打入气缸中。活塞连杆入缸前的位置关系如图 5-7 所示。当连杆大头接近曲轴轴颈时，要用手托住连杆大头，并继续敲击活塞顶部，使之装配到位。注意连杆大头与曲轴连杆轴颈是否对正，将对应的连杆轴承盖涂上机油，按正确的方位装好，并按规定力矩拧紧连杆螺栓和螺母，有锁紧装置的应按要求锁紧。

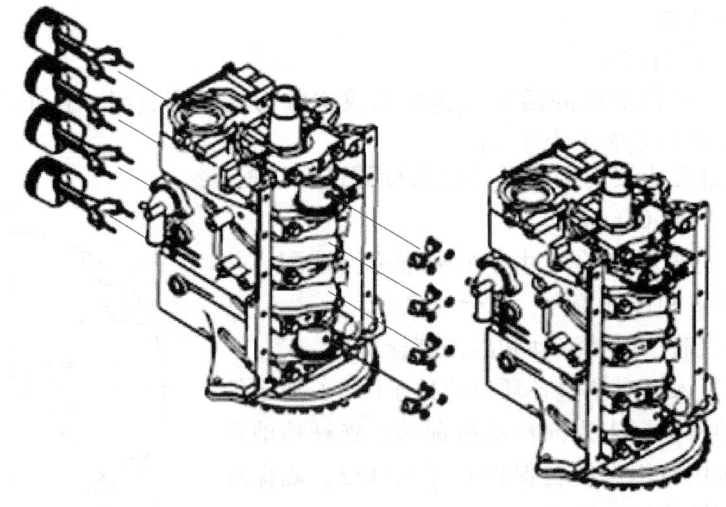

图 5-7 活塞连杆入缸前的位置关系

⑦转动曲轴两圈，检查应无卡滞现象。

⑧以同样的方法和要求将其余各缸活塞连杆组件装入相应气缸。装配完成后，用锤子沿轴承轴向轻轻敲打连杆盖，连杆大头应能有轻微移动。转动曲轴时，松紧应适度。各缸活塞在上止点时，活塞顶至气缸体上平面的距离应均匀一致。

3. 曲轴箱总成与曲轴总成的装配

（1）注意事项

1）安装前，所有工作中需要润滑的零件表面都应涂上润滑油加以润滑。

2）安装曲轴轴承盖时，应按规定的顺序和拧紧力矩拧紧。

3）曲轴轴承盖有规定安装方向，安装时朝前标记必须朝向曲轴前端。

4）曲轴止动片有油槽的一面必须朝轴承盖外侧安装。

5）曲轴箱主轴孔装配面/轴瓦装配面要求清洁干净，轴瓦要装配到位。

6）主轴承盖螺栓力矩要达到规定要求。

曲轴总成零部件的装配

（2）曲轴总成的装配

1）将转速传感器脉冲轮用螺栓固定在曲轴上，并用规定力矩将螺栓拧紧。

2）主轴瓦按要求分组标记进行选配，不允许错乱。

3）在轴承的工作表面涂上润滑油。在曲轴各道主轴颈上涂上润滑油，并将曲轴装入缸体。

4）上主轴瓦（有油孔），安装在曲轴箱轴承座内，下主轴瓦（无油孔）安装在主轴承盖内；上、下主轴瓦不允许装反，瓦背应与轴承孔表面紧密贴合。

5）主轴承盖、曲轴箱的结合面应清洁，无金属屑及其他异物。

6）曲轴止动片上的油槽所在面应朝向曲轴曲柄臂。

7）曲轴总成零部件的位置关系如图 5-8 所示。曲轴的主轴承盖应按其上的座号顺序进行装配，其箭头指向发动机前端。轴承盖组合螺栓上涂以机油，采用"转矩+转角法"按规定力矩拧紧螺栓，按图 5-9 所示顺序拧紧或用拧紧机同时拧紧。

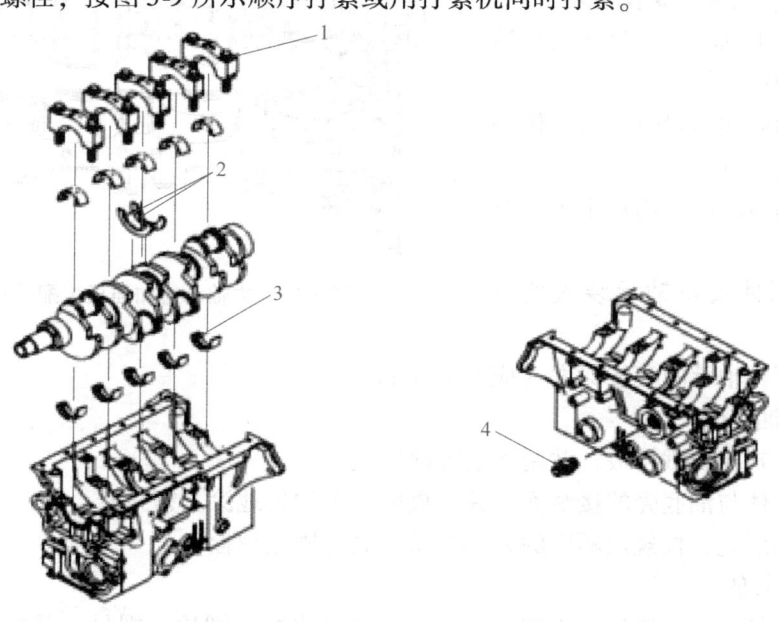

图 5-8 曲轴总成零部件的位置关系

1—曲轴主轴承盖螺栓 2—曲轴止动片 3—主轴瓦 4—机油滤清器支座管接头

8）主轴承盖加强板安装螺栓应按上述顺序和规定的力矩进行拧紧或拧紧机同时拧紧，如图 5-10 所示。

9）装配完毕，转动曲轴应灵活无卡滞现象。

（3）安装机油泵及曲轴前油封凸缘

1）曲轴前油封总成压入机油泵总成的压力应不大于要求值，其位置应与油封孔端面齐平，凹下应不大于0.5mm，油封弹簧不得移位或脱落。

2）装上半圆键后，将机油泵传动链轮套在曲轴前端轴颈上，在油封和专用安装工具表面涂上汽油机油，再用专用工具将其装入曲轴。

3）转动发动机，使发动机底部朝上。

4）装上机油泵齿链和机油泵，拧上紧固螺栓将油泵固定。

5）装上机油泵链条张紧器，调整好张紧力后，拧紧张紧器固定螺栓。

6）转动曲轴，检查机油泵链条张紧力。

7）用专用工具削除凸出于曲轴箱下平面的密封垫，转动曲轴应无卡滞现象。

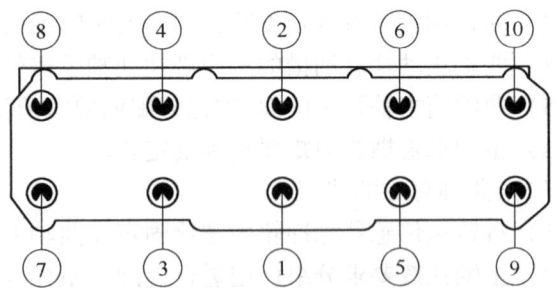

图5-9 主轴承盖装配位置及螺栓拧紧顺序示意图

（4）安装后油封凸缘及飞轮

1）用专用工具将后油封装入后油封凸缘的承孔中。

2）在曲轴后端油封凸缘与缸体的接触面上涂上硅密封胶。

3）装上油封凸缘，用规定力矩拧紧固定螺栓。

4）用专用冲头将轴承装入曲轴后端。

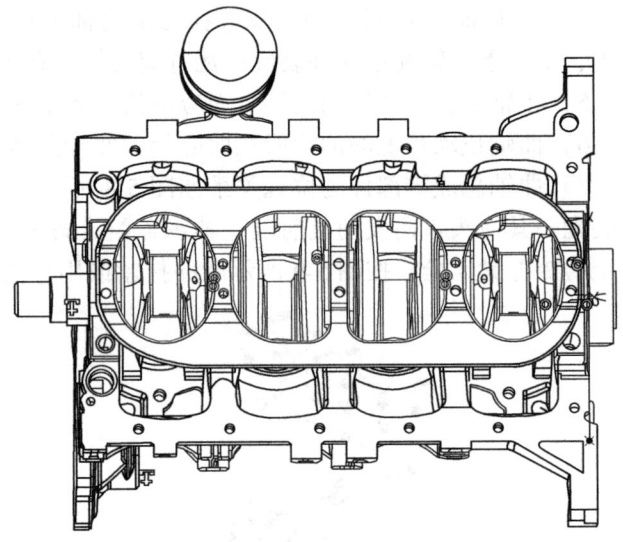

图5-10 主轴承盖加强板装配示意图

5）检查滚针轴承的安装深度（应为1.5mm）。

（5）安装油底壳

1）装上曲轴箱防溅挡板，并用固定螺栓固定。

2）清洁缸体与油底壳的接触面，并在接触面上均匀地涂上密封胶。

3）装上油底壳，按规定顺序的力矩拧紧油底壳固定螺栓。

（6）安装水泵

1）装入两件定位螺栓后，再安装水泵密封垫及水泵、螺栓、螺母，并按规定力矩拧紧或用拧紧机拧紧，并在水泵及机油泵加强肋间装入防尘垫。

2）安装后，转动水泵法兰盘，芯轴应灵活，叶轮和曲轴箱水室无摩擦声响。

（7）安装其他附件

1）装上凸轮轴位置传感器，并按规定力矩拧紧凸轮轴位置传感器固定螺栓。

2）在缸体上装上发动机转速传感器，并按规定力矩拧紧转速传感器固定螺栓。

3）在缸体上装上爆燃传感器，并按规定力矩拧紧爆燃传感器固定螺栓。

4）装上各缸火花塞，并用专用工具按规定力矩扭紧。

5）装上节温器及密封垫，装上进水管接头，并装上进水管接头固定螺栓。

6）在出水管接头处装上冷却液温度传感器。

7）装上进气歧管密封垫和进气歧管，并按规定顺序和力矩拧紧进气歧管固定螺栓。

8）在燃油分配管上装上燃油压力调节器。

9）将喷油器按正确的方向装在燃油分配管上（更换密封圈）。

10）将燃油分配管安装在进气管上，用螺栓固定燃油分配管。

11）装上排气歧管密封垫和排气歧管，并按规定顺序和力矩拧紧排气歧管固定螺栓。

12）在排气歧管上方装上隔热板，并固定。

13）装上发动机前左侧固定支座，并按规定力矩拧紧支座固定螺栓。

14）装上发电机固定支座。

15）插上机油尺。

16）装上点火模块。

17）按规定顺序装上各缸高压线。

任务三　配气机构的装配

任务描述

熟悉正时传动带、凸轮轴、气门的装配，并掌握装配的技术要求。

学习引导

配气机构的作用是按照发动机的工作循环和点火次序的要求，定时地开闭进、排气门，向气缸提供可燃混合气（汽油机）或新鲜空气（柴油机），并及时排出废气。配气机构主要由气门组和气门传动组组成。气门组的作用是实现气缸的密封，包括气门、气门座、气门导管和气门弹簧等部件。气门传动组的作用是按发动机配气相位要求的时间及时开、闭气门，并保证气门升程。气门传动组包括凸轮轴、曲轴正时齿轮、凸轮轴正时齿轮、正时同步带、张紧轮、气门挺柱等部件。

1. 气门的装配

1）气门弹簧座内孔应无异物，弹簧底座装配应到位，不得偏斜。

2）在专用工具芯轴上（与气门油封接触部位）涂上机油，将气门油封以规定压力压入气门导管，装压时油封弹簧不得移位或脱落，唇口不得损伤。

3）气门和气门座45°结合锥面应清洁无异物，在气门杆部、杆端涂机油后将其装入气门导管，应无卡滞现象。

4）气门弹簧涂有色标的大螺距端安置于上方，其下端应正确落入座孔内，不得歪斜。

5）气门弹簧座应落座于弹簧内。用专用工装（或设备压装）固定气门，压下弹簧座安装气门锥形锁块，正确夹持于气门锁块槽内，不得漏装或脱落。

6）气门安装完毕后应进行气门泄漏检测。在20kPa压力下，气门总泄漏率不得大于

720mL/min。

2. 进、排气门摇臂的安装

1）在摇臂轴锥形螺塞的螺纹上涂上适量的螺纹密封胶，按规定力矩拧紧到摇臂轴上。

2）在气缸盖摇臂轴孔堵塞螺纹上涂上适量的螺纹密封胶，按规定力矩拧紧到气缸盖上，在摇臂轴环槽内装入O形橡胶密封圈，涂上机油，缺口向后装入摇臂孔内。

3）装入摇臂轴及其组件和摇臂轴弹簧。当摇臂轴装入至凸出缸盖后端约5mm位置，拧入摇臂轴紧固螺钉，按规定力矩拧紧。

4）将已组装的进气摇臂组件分别安装在2、3、4、5轴承座两侧，其摇臂调整螺钉球形部应位于摇臂轴球形孔内，抱箍正确夹持在摇臂轴上。安装过程中，进、排气门摇臂调整螺钉球形面、摇臂工作圆弧不得碰伤，抱箍不得变形。

5）进、排气门摇臂安装后，转动应灵活，无异常卡滞现象。

3. 凸轮轴的安装

1）凸轮轴的安装按以下要求进行：

①凸轮轴及轴孔，轴承盖及座的结合面上应清洁无异物。

②凸轮轴涂润滑油后正确安装于轴承座上，并安装定位销。

③安装凸轮轴的过程中，不能碰、划伤所有凸轮轴和摇臂工作圆弧表面或撞落摇臂。

④将轴承盖上的箭头"→"标志指向前端，并按①~⑥座号标志对号装入轴承座到位，如图5-11所示。

⑤⑥号轴承盖与气缸盖的结合面应均匀薄薄地涂布密封胶后安装，并确保密封胶不得粘附于凸轮轴上。

⑥凸轮轴盖紧固螺栓按①、③、⑤、⑥、④、②座号顺序拧紧或用拧紧机拧紧至规定的力矩。

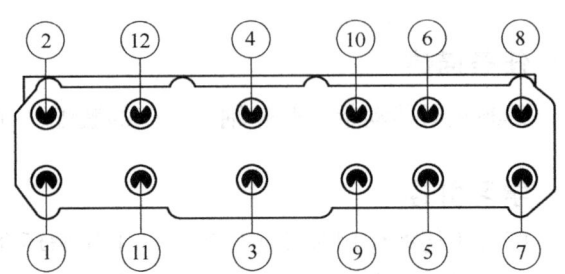

图5-11 凸轮轴轴承盖装配及螺栓拧紧顺序图

2）压入凸轮轴前油封总成，应在油封外圆柱面及凸轮轴油封轴颈表面涂上机油，压入位置应与油封孔前端面平齐，凹下不大于0.5mm，并确保弹簧不移位和脱落。

3）凸轮轴位置传感器座的安装：在其环槽内装入O形密封圈并涂上机油，摇臂轴孔端面周边涂上密封胶后装入，螺栓按规定力矩拧紧。

4）凸轮轴位置传感器的安装：在O形密封圈部位涂上机油后装入座内，按规定力矩拧紧螺栓。

4. 气缸盖、配气机构总成的安装

1）气缸垫总成、曲轴箱、气缸盖的结合面应清洁无异物，气缸垫表面不应有皱折、剥落等缺陷。

2）气缸垫总成的高压油孔应与曲轴箱上的油孔对正，"TOP"标记面向上，不得装反。

3）安装气缸盖、配气机构前，应在气缸盖总成拧入油塞，按规定力矩拧紧，并转动曲轴，使4个活塞顶面基本处于同一高度，装入气缸盖应落座到位。

4）气缸盖螺栓应在螺纹部和肩部涂上汽油机油，按图5-12所示中1~10的顺序或用拧紧机同时拧紧。首先以32N·m初拧，再以58N·m拧紧后，以⑩~①的顺序松动回位半圈，再按规定力矩拧紧。

5. 正时传动机构的安装

正时传动机构的零部件包括：曲轴、凸轮轴、曲轴正时轮、凸轮轴正时轮、正时带总成、涨紧轮总成、涨紧轮调节平板、涨紧轮弹簧、正时前后罩壳。

（1）安装步骤及工艺 正时配气机构根据气门间隙的调整方式不同，其安装和检验的工艺要求也各有不同，但满足正时及配气的基本要求是一致的。其安装的主要步骤及工艺要求如下：

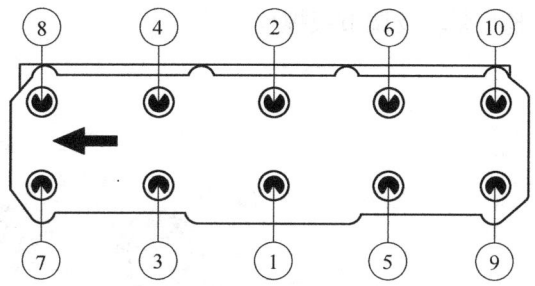

图 5-12 气缸盖螺栓拧紧顺序图

1）在水泵与气缸盖结合的筋间装入防尘橡胶塞到位。

2）正时带后罩总成安装于气缸盖上不得偏斜，按规定力矩拧紧螺栓。

3）安装正时带前，拧松所有摇臂调整螺钉至凸轮轴能够轻松旋转。

4）安装半圆键于曲轴上到位后，在曲轴上装曲轴正时带轮，其标志"·"向外，并调整至位于半圆链中心与机油泵上箭头标志的径向线上，用飞轮止动器定位锁紧，按规定力矩拧紧曲轴正时带轮紧固螺栓，如图 5-13a 所示。

5）安装定位销到凸轮轴上，将凸轮正时带轮装到凸轮轴上，以"E"标志定位槽与销定位，用专用工具固定带轮，按规定力矩拧紧螺栓，如图 5-13b 所示。

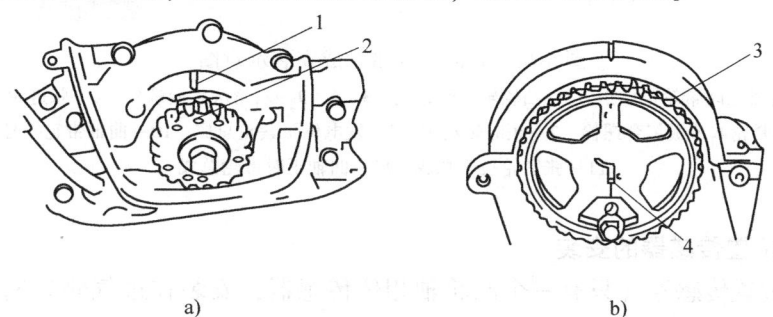

a)   b)

图 5-13 曲轴、凸轮轴正时带轮装配位置图
a）安装曲轴正时带轮 b）安装凸轮轴正时带轮
1—机油泵上箭头标志 2—正时带轮上标 3—正时带轮 4—定位销

（2）安装张紧轮 张紧轮总成的安装按以下要求进行：

1）将张紧轮调节板上的销钩和张紧轮上的 $\phi5$ 销孔配套安装到水泵壳体上，拧入张紧轮螺栓和调节板螺栓，暂不拧紧。

2）经安装后的张紧轮应能轻松转动。

3）在张紧轮平板挂钩上装上张紧轮拉簧和张紧弹簧，并将拉簧钩挂到安装在曲轴箱体上的螺栓上，钩挂应到位。

（3）安装正时带 正时带的安装按以下要求进行：

1）正时带及其所接触的零件表面不得粘附水或油。

2）调整凸轮轴正时带轮，使其带"E"标志辐板上的"·"标志对正气缸盖罩上的 V

形缺口标志,如图 5-14 所示,确认标志对正后,安装正时带。

3) 安装正时带时,应在其张紧轮对边没有松弛的情况下,使正时带上的箭头方向与曲轴顺时针转动方向一致;装入两正时齿轮,依靠张紧轮平板的拉簧力作用自行张紧。

4) 安装完毕后,转动曲轴两周,再次确认图 5-14 中标志位置对正无误后,按规定力矩拧紧张紧轮及调节板螺栓。

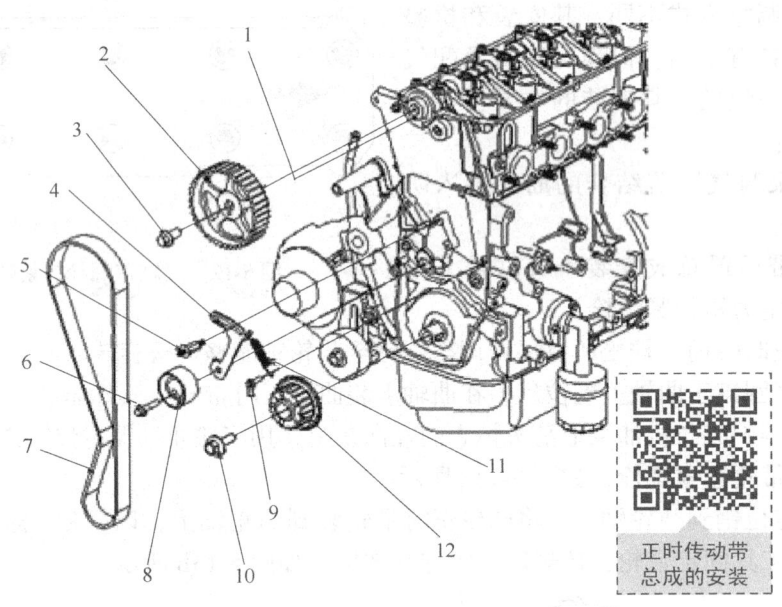

图 5-14 正时传动带总成安装示意图
1—凸轮轴正时带轮定位销 2—凸轮轴正时带轮 3、6、9—六角法兰面螺栓 4—张进轮调节板
5—张紧轮调节板组合螺栓 7—正时传动带 8—发电机张紧轮总成 10—曲轴带轮一号螺栓
11—张紧轮拉簧总成 12—曲轴正时带轮总成

6. 凸轮轴位置传感器的安装

将凸轮轴位置传感器(只有一个凸轮轴相位传感器,安装在进气侧)密封圈抹一层油膏,带上 O 形圈,装到气门室罩盖上,分别用一个内六角头螺栓(M6×15,加平垫圈)紧固至 8±0.5N·m。凸轮轴位置传感器与转速传感器信号轮之间的间隙标准为 0.8~1.0mm。

7. 气门间隙的调整

(1) 气门间隙调整方法

1) 顺时针方向转动凸轮轴正时带轮,根据带轮有"E"标志辐板上的圆凸台"·"标志对正气缸盖罩上的 V 形缺口标志为 0°、90°、180°、270°时,分别依次调整 4、2、1、3 缸进、排气门间隙,如图 5-15 所示。

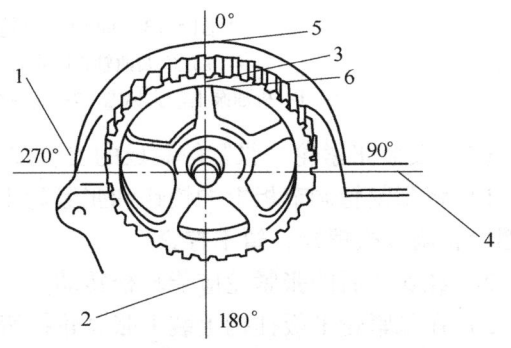

图 5-15 气门间隙调整、凸轮轴正时带轮位置图
1—进、排气门间隙(调整 3 缸) 2—进、排气门间隙(调整 1 缸) 3—进、排气门间隙(调整 4 缸) 4—进、排气门间隙(调整 2 缸) 5—V 形缺口标记 6—正时标记"E"

2）进、排气门间隙在凸轮基圆表面和摇臂工作圆弧面间测量，要求进气门间隙（冷态）为 0.13~0.17mm；排气门间隙（冷态）为 0.21~0.25mm。

3）摇臂调整螺母按规定力矩拧紧。拧紧后，再次检查确认各进、排气门间隙。

（2）气门间隙调整不当的影响　若气门间隙过小，在发动机工作受热时，气门关闭不严，造成发动机气门漏气、性能下降、油耗增高、排放超标；若气门间隙过大，则使传动零部件之间产生撞击，产生异响，加速磨损，同时气门开启的延续时间减少，使气缸的充气及排气恶化。

8. 正时传动带前罩总成的安装

将密封条嵌入前罩壳槽内，其接头应位于折转处，将螺栓、螺母按规定力矩拧紧。

9. 气缸盖罩总成的安装

1）在气缸盖罩总成上正确安装气缸罩密封垫，火花塞密封垫安装到位，不得脱落。

2）在凸轮轴凸轮表面，摇臂两侧面、摇臂工作圆弧面，摇臂调整螺钉等运动摩擦表面涂上机油。

3）安装气缸盖罩总成至气缸盖上按规定力矩拧紧气缸罩紧固螺栓，拧入加油口盖并拧到位。

任务四　汽油机燃料供给系统的装配

任务描述

正确完成电动燃油泵、汽油滤清器等装置的装配工作；掌握燃油喷射系统电子控制系统线束、传感器、执行器和 ECU 的装配技术要求。

学习引导

汽油机燃料供给系统的主要作用是根据发动机各工况对可燃混合气的不同要求，配制一定数量和浓度的可燃混合气，将其供给气缸，并将燃烧做功后产生的废气排入大气中。汽油机燃料供给系统有化油器式和电子控制燃油喷射式两种形式，但在 20 世纪 90 年代中期化油器式汽油机燃料供给系统的汽车就开始停产，现在的汽车主要采用电喷形式汽油机燃料供给系统。

汽油喷射是用喷油器将一定数量和压力的汽油直接喷射到气缸或进气歧管中，与进入的空气混合而形成可燃混合气。整个电控喷射系统可以分为燃油供给、空气供给与电路控制等三部分。电子控制燃油喷射系统提高了发动机的充气效率、可节省燃油并减少污染，还可以随着发动机使用工况及使用场合的变化配置一个最佳的混合气成分。

1. 进气歧管总成的装配

在装配前，检查进气管各个加工和铸造表面有无缺陷以及其他不合格项目（含清洁程度），去除加工时留在表面的毛刺。

（1）滑板式 CBR 系统的安装　CBR 系统是通过控制进气气流的组织形式（涡流和滚流）来改善燃烧，以达到降低排放，并提高燃油经济性的一种新技术。

如图 5-16 所示，在 O 形圈上涂上润滑油装入摆臂①中；然后将摆臂①的轴装入进气歧管内；在进气歧管的另一侧的摆臂槽内装入摆臂②，同时与摆臂①按照一定的位置配合；滑阀装入进气管槽内并让滑阀孔与摆臂②配合；用两个 M6 六角法兰面螺栓将执行器支架安装在进气歧管上，六角法兰面螺栓按规定的力矩拧紧；最后将执行器用一个 M5 内六角头螺栓紧固支架并使之与摆臂连好，内六角头螺栓按规定的力矩拧紧。

（2）节流阀体总成的安装　将进气歧管固定在夹具上，用 4 个 M6 的六角法兰面螺栓装入节流阀体光孔内，装上节流阀体密封垫片（注意：垫片中间突起的一面向着节流阀体，如图 5-17 所示），再将六角法兰面螺栓按规定力矩拧紧。

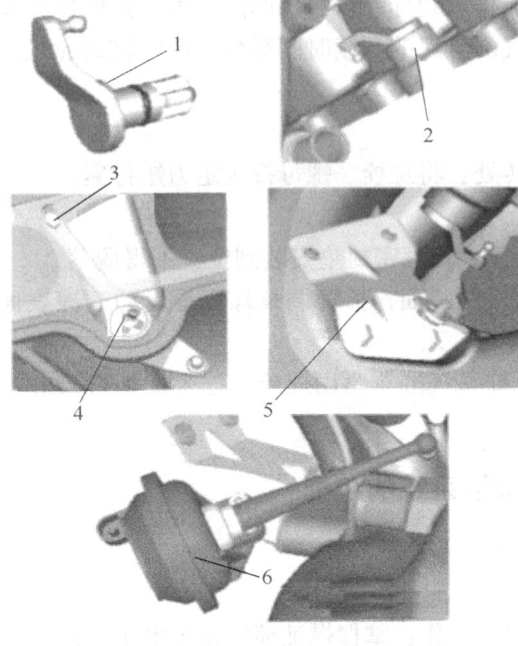

图 5-16　滑板式 CBR 系统的安装
1—摆臂 1　2—摆臂①的安装孔　3—滑阀的安装位置　4—摆臂②的安装位置
5—执行器支架　6—真空执行器

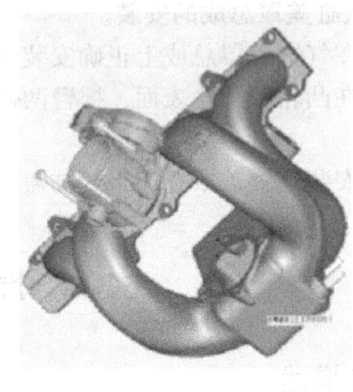

图 5-17　节流阀体总成的安装

（3）油轨带喷油器总成的安装

1）在装配前，先将喷油器安装面处的毛刺去掉，并清洁油轨。

2）将燃油喷油器密封圈四周涂上一层润滑脂，将喷油器装在油轨上，用卡箍将喷油器和油轨本体连接起来。

3）用两个 M6 的六角法兰面螺栓将油轨带喷油器总成装在进气歧管上（在装配时要在喷油器的密封圈上涂上一层润滑脂，以便于装配和防止损伤密封圈），螺栓按规定的力矩拧紧。

2. 进气歧管总成的安装

1）将进气歧管垫片安装在进气歧管安装面的密封槽内，再将分装好的进气歧管总成用 9 个 M6 的六角法兰面螺母装在缸盖上，螺母按规定的力矩拧紧。

2）用一个 M8 的六角法兰面螺栓将进气歧管支架总成装在指定位置，螺栓按规定的力矩拧紧。

3. 前吊耳的安装

将发动机前吊耳装在气缸盖的排气侧前端，装上并拧紧固定螺栓（M8×14），按规定的力矩拧紧（进、排气吊耳及紧固螺栓相同）。

4. 机油标尺管的安装

机油标尺管装上O形圈，在O形圈上涂上润滑油，选定管子方向，一端固定在进气管上，一端固定在框架上（M6×16），力矩均为8N·m。机油标尺上靠近手柄的地方有O形圈，需要涂润滑油，然后伸进标尺管内，确保安装到位。

5. 温器座带调温器总成的装配和安装

（1）调温器座带调温器总成的装配　将调温器总成装在调温器座内，装上盖子，固定螺栓并用8N·m的力矩拧紧，如图5-18所示。注意调温器密封上的凸点要放在孔座的凹槽内。

（2）调温器座带调温器总成的安装　用4只M6×50mm的螺栓及垫片把调温器总成固定在缸盖后端面（带调温器垫片）。拧紧4只M6×50mm的螺栓，拧紧力矩为8N·m。

6. 排气歧管、隔热罩和后吊耳的安装

（1）排气歧管的安装　将垫片—排气歧管套入双头螺柱内，然后将排气歧管装到缸盖上，用手拧上9个螺母（图5-19），将螺母按规定的力矩拧紧。

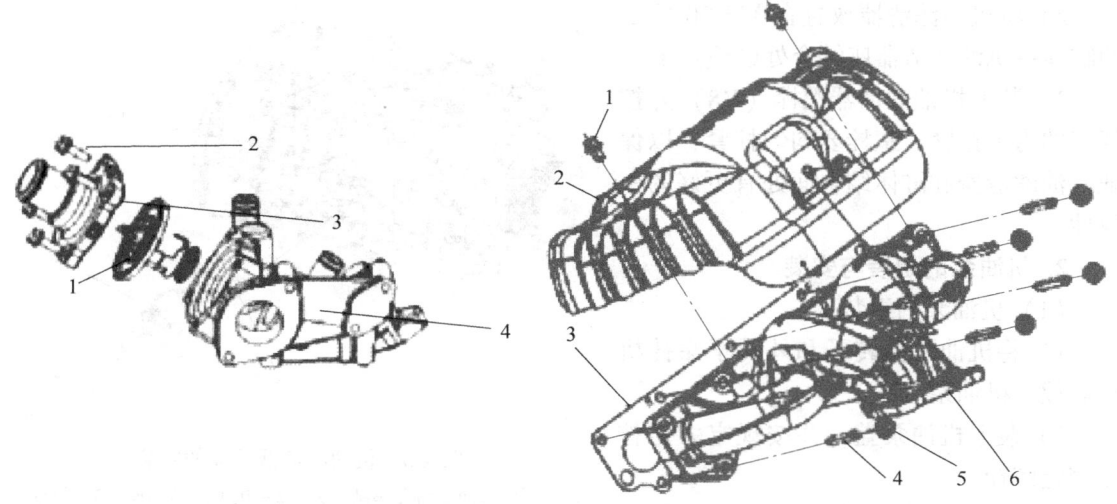

图5-18　调温器座带调温器总成的装配
1—节温阀　2—调温器螺栓
3—调温器盖子　4—调温器座

图5-19　排气歧管的安装
1—六角法兰面螺栓　2—隔热罩　3—垫片
4—双头螺柱　5—螺母　6—排气歧管

（2）后吊耳的安装　将发动机后吊耳装到气缸盖的进气侧后端，装上固定螺栓（M8×14）并按规定的力矩拧紧（进、排气吊耳及紧固螺栓相同）。

（3）隔热罩-排气歧管的安装　将隔热罩-排气歧管用3个六角法兰面螺栓（M8×12）固定在排气歧管上，并按规定的力矩拧紧。

7. 冷却液温度传感器和油压开关的安装

1）冷却液温度传感器在安装前应涂上密封胶，并按规定的力矩拧紧。

2）油压传感器先用手拧入，然后按规定的力矩拧紧，装前涂上密封胶。

任务五　润滑系统的装配

任务描述

知道润滑系统主要零部件的作用与结构；熟悉机油滤清器、机油泵和油底壳的装配过程，并掌握装配过程的技术要求。

学习引导

发动机运动件和附件的运动部分工作时，零件工作面处于高速运动状态，有的零部件还在很大的载荷下相对运动，如活塞、活塞环与气缸壁面，曲轴主轴颈与主轴承、曲柄销与连杆轴承、凸轮轴颈与凸轮轴轴承等。相对运动的表面必然会产生摩擦，导致工作表面磨损加剧，有效功率下降，甚至还有可能烧损零件的工作表面，导致发动机无法运转。因此工作表面必须进行润滑，以减少零部件的磨损，提高零部件的使用寿命，减少摩擦损失所消耗的功率。在现代发动机中，润滑油还有在不解体的情况下判断发动机故障的作用。

润滑系统主要由油底壳、机油集滤器、机油泵、机油滤油器和主油道等组成。

1. 机油滤清器的安装

1）将机油滤清器垫片放在如图5-20所示的缸体—机油滤清器座结合处。

2）将机油滤清器放置在图5-20所示的缸体—机油滤清器座结合处的垫片上。

3）装上机油滤清器螺栓（M8）并按规定的力矩拧紧，螺栓要均匀拧紧，以保证机油滤清器和缸体结合面处有更好的密封性。

2. 机油泵的组装与安装

（1）机油泵的组装

1）将机油泵内转子和外转子涂抹机油后放入机油泵。

2）装上机油泵盖，并按规定力矩拧紧固定螺栓。

3）在限压阀上涂抹发动机机油后装入泵体，装上弹簧和螺塞，用规定力矩拧紧螺塞。

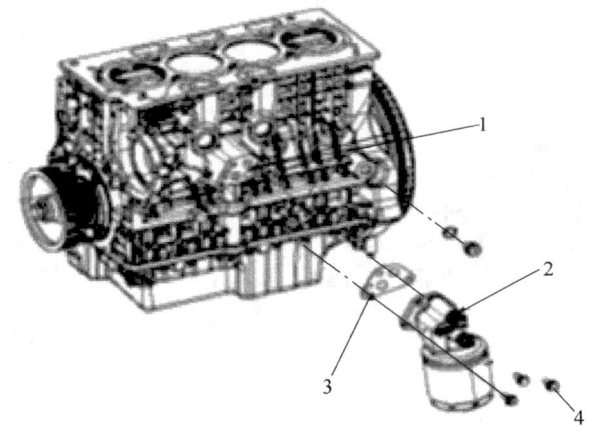

图5-20 机油滤清器总成的安装
1—缸体-机油滤清器座结合处 2—机油滤清器座 3—机油滤清器 4—机油滤清器垫片 5—机油滤清器座螺栓

（2）机油泵总成的安装　安装前，在油泵外圈涂上一层机油以便装配和保护密封圈，然后将突起的标识点向下。安装时，先将导向套装在曲轴上，将油封通过导向套装在曲轴轴颈上，装上机油泵螺栓（M6×35），按规定的力矩拧紧，如图5-21所示。在安装的过程中，一定要保护曲轴前油封的唇口不被划伤。

（3）机油泵传动链的安装

1）装上曲轴传动键，并转动驱动轴以便切口朝向右水平位置。

2）使传动链标记对准每个齿轮的正时标记。

3）用齿轮上的传动链将链轮安装到曲轴和机油泵轴上，并用螺母暂时紧固机油泵传动链轮。

4）安装传动链张紧器，按规定力矩拧紧传动链张紧器固定螺栓。

5）将机油泵传动链轮的调节孔对准机油泵槽，并用一个直径为4mm的杆插入机油泵传动链轮的调节孔以便将链轮锁定就位，然后按规定力矩拧紧螺母。

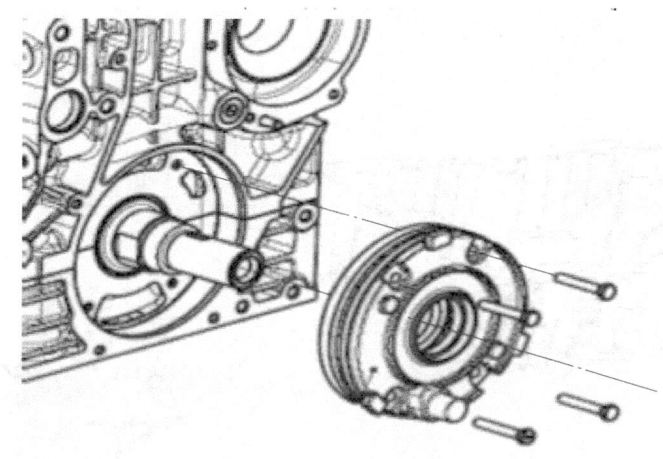

图 5-21　机油泵带前油封总成的安装

3. 油底壳总成的装配和安装

（1）机油收集器和隔板的装配

1）用 8 只六角头螺栓（M6×16）将隔板紧固在框架上，按规定的力矩拧紧，装配前涂密封胶。

2）在框架上机油收集器安装孔位置装上一只 O 形圈（φ22×2.5），将机油收集器吸油管管口插入框架背面上的机油收集器安装口。将机油收集器总成大支架用两只 M6×12 螺栓和隔板一起紧固在框架上。同时，用一只 M6×12 螺栓将机油收集器法兰面支架紧固在框架上，如图 5-22 所示。

（2）油底壳总成的装配　用乙醛清洗油底壳和框架的安装面，在框架上机油泵出油口（图 5-23）处装一只椭圆的密封圈，在框架与油底壳相连的油底壳油道孔口处安装一只 O 形圈（φ22×2.5），再装上两只定位销（φ6×10）。油底壳主油道上装两只丝堵（M18，装配前涂密封胶），按规定的力矩拧紧。放油螺塞（M16×1.5）加铜垫片按规定力矩拧紧。

（3）油底壳总成的安装　在框架四周与油底壳结合面上涂密封胶（注意胶要涂在油底壳安装螺栓孔的内部），并合上油底壳。在压合之前先拧上 18 只 M7×25 和 7 只 M7×95 的油底壳螺栓（图 5-

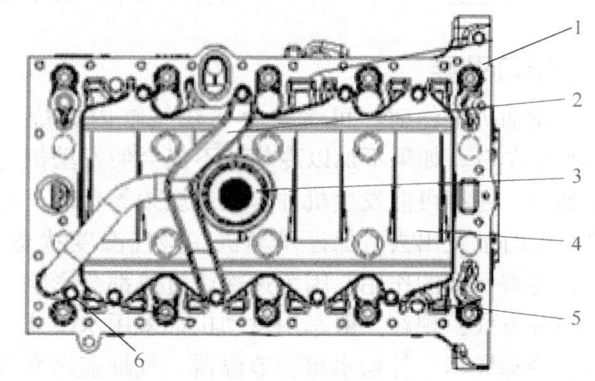

图 5-22　机油收集器和隔板的安装
1—框架　2—机油收集器支架　3—机油收集器总成　4—隔板
5—M6×12 六角法兰面螺栓　6—机油收集器法兰面支架

24）。然后用尼龙锤敲合，先预拧紧螺栓，使其足够压合，最后拧到规定力矩值 15 N·m。油底壳螺栓拧紧的方法有以下两种：

1）多轴拧紧方法。同时将 25 个螺栓拧紧至 15N·m。

2）单套筒扳手拧紧法。按照顺时针方向从中间向两侧顺序拧紧。

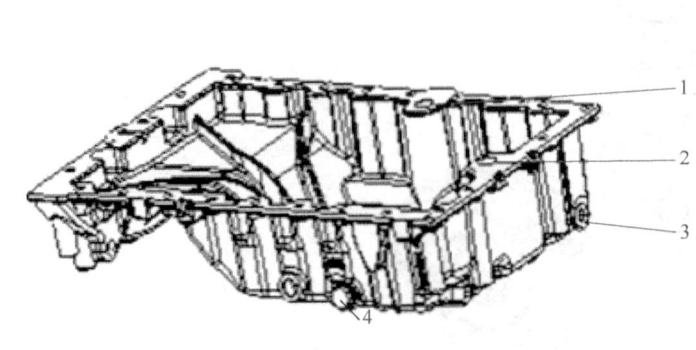
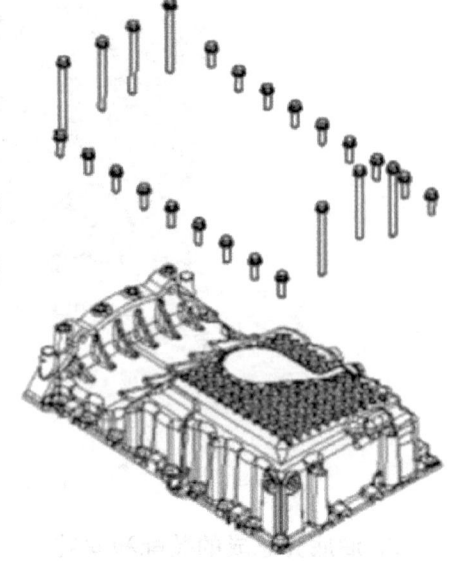

图 5-23 油底壳外观图
1—出油口 2—进油口 3—螺塞 M18×1.5
4—放油螺塞 M16×1.5

图 5-24 油底壳安装示意图

任务六 冷却系统的装配

任务描述

了解冷却系统主要零部件的作用与结构;熟悉传动带、水泵、节温器、电子风扇和温控开关的装配过程;掌握冷却系统装配的相关技术要求。

学习引导

发动机工作时,可燃混合气在气缸内燃烧,其工作温度高达 2000℃,瞬时温度可达 3000℃左右。如果不加以冷却,不仅会使发动机过热导致充气效率下降、机油变质、零件磨损加剧,还有可能发生机件卡死或烧毁等事故。冷却系统的主要作用是将零部件吸收的部分热量及时散发出去,保证发动机在最佳温度状态下工作。冷却系统除了对发动机有冷却作用,还有保温的作用,因为过冷或过热都会影响发动机的正常工作。发动机冷却有水冷和风冷两种方式,现在一般车用发动机都采用水冷式。发动机水冷式冷却系统主要由水泵、散热器、冷却风扇、补偿水箱、节温器、气缸盖水套等部分组成。冷却系统管路如图 5-25 所示。

1. 水泵总成的安装

1)在装水泵之前,在缸体前端面上装水泵导向定位销($\phi6\times10$-2)。
2)把水泵垫片通过水泵定位销放置在如图 5-26 中的水泵和缸体结合处。
3)将水泵通过水泵定位销放置在图 5-26 所示的安装面上,对好定位销在缸体上的位置。
4)装上水泵螺栓并按规定力矩拧紧。
5)装上水泵后,转一下水泵齿轮,保证水泵轴能灵活转动而无卡滞现象。

2. 节温器的安装

1)按正确安装方向将节温器放入进水口。

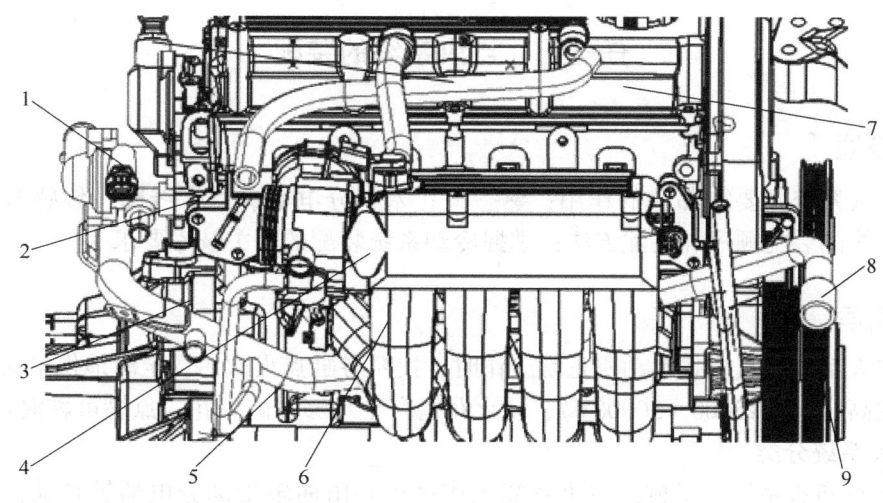

图 5-25 冷却系统管路示意图
1—调温器盖 2—调温器座 3—进水管 4—节气门体 5—节气门体出水管
6—节气门体进水管 7—通气管 8—蓄水瓶软管 9—水泵总成

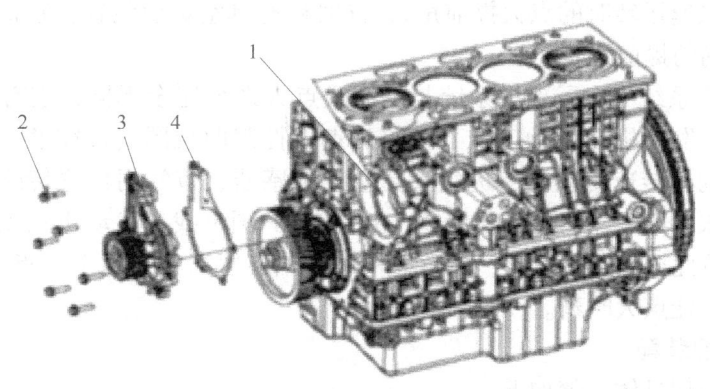

图 5-26 水泵总成的安装
1—水泵缸体结合处 2—水泵螺栓 3—水泵 4—水泵垫片

2）用冷却液浸湿 O 形密封圈，安装在节温器盖上，并保持密封圈的自然平顺状态，严禁扭曲。

3）拧紧节温器盖固定螺栓。

4）安装发电机。

5）加注冷却液至冷却液膨胀箱上、下刻度线之间。

3. 电子风扇及温控开关的安装

1）安装温控开关。

2）安装双冷却电子风扇及风扇罩壳。

3）插上温控开关导线插头。

4）拧紧散热器下水管夹箍。

5）加注冷却液至冷却液膨胀箱上、下刻度线之间。

任务七　点火系统的装配

任务描述

知道点火系统主要零部件的作用；熟悉火花塞、分电器、点火线圈、传感器、电控单元、执行机构的装配顺序和装配方法；掌握冷却系统装配的相关技术要求。

学习引导

汽车点火系统在点燃式发动机正常工作时，按照各缸点火次序，定时地供给火花塞以足够高能量的高压电（15000~30000V），使火花塞产生足够强的火花，点燃可燃混合气。

1. 点火系统分类

（1）传统点火系统　机械式点火系统工作过程是由曲轴带动分电器轴转动，分电器轴上的凸轮转动，使点火线圈初级触点接通与闭合而产生高压电。

这个点火高压电通过分电器轴上的分火头，根据发动机工作要求按顺序送到各个气缸的火花塞上，火花塞发出电火花点燃燃烧室内的气体。分电器壳体可以手动转动来调节基本的点火提前角（即怠速运转时的点火提前角），同时还有真空提前装置，它根据进气管内真空度的变化提供不同的提前角。

（2）电子点火系统　电子点火系统与机械式点火系统完全不同，它有一个点火用电子控制装置，内部有发动机在各种工况下所需的点火控制曲线图（MAP图）。ECU通过一系列传感器（如发动机转速传感器、进气管真空度传感器、节气门位置传感器、曲轴位置传感器等）的信号来判断发动机的工作状态，并在MAP图上找出发动机在此工作状态下所需的点火提前角，按此要求进行点火；然后，根据爆燃传感器信号对上述点火要求进行修正，使发动机工作在最佳点火时刻。

2. 点火系统的装配

点火系统的装配具体步骤如下：

1）火花塞与安装孔结合面应清洁无异物，用专用工具将火花塞拧入缸盖并按规定力矩拧紧。

2）将1、4和2、3缸高压阻尼线分别连接于两个点火线圈上，连接应到位，不得松脱。

3）以2、3、1、4的顺序将高压阻尼线装入火花塞，线盖安装应与气缸盖罩结合到位。

4）按规定力矩拧紧点火线圈紧固螺栓，将4缸高压阻尼线卡入前置的点火线圈卡线槽中。

项目小结

1）发动机的结构与工作原理。
2）发动机总成装配过程。
3）正时传动带、凸轮轴、气门的装配及技术要求。
4）活塞连杆组、气缸盖、气缸衬垫、曲轴和飞轮的装配及技术要求。
5）燃油喷射系统电子控制系统线束、传感器、执行器和ECU的装配技术。
6）润滑系统的作用与结构。

7）机油滤清器、机油泵和油底壳的装配过程及技术要求。

8）传动带、水泵、节温器、电子风扇和温控开关的作用及装配过程。

9）火花塞、分电器、点火线圈、传感器、电控单元、执行机构的装配顺序和装配方法。

复习思考题

一、填空题

1. 在发动机润滑系中，凸轮轴轴颈采用（　　　）润滑。
2. 气环的作用是（　　　）和（　　　）。
3. 氧传感器通常安装在（　　　）上。
4. 目前汽油机的怠速控制大多采用（　　　）控制。
5. 缸外多点喷射式汽油机电控燃油喷射系统中，喷油器是将燃油喷在（　　　）内。
6. 活塞顶部通常有（　　　）标记和（　　　）标记。
7. 汽车发动机润滑系所用的润滑剂有（　　　）和（　　　）两种。
8. 安装油底壳时，应将油底壳结合面上涂抹（　　　），然后均匀拧紧油底壳固定螺栓。
9. 螺纹拧紧防松措施分为摩擦防松、（　　　）、化学防松、永久防松。
10. 装入凸轮轴时，第一气缸的凸轮（　　　）。

二、简答题

1. 简述气门间隙过大、过小的危害。
2. 采用液压挺柱有哪些优点？
3. 齿轮传动机构的装配有哪些要求？

模块六　汽车变速器装配工艺

项目一　手动变速器装配

项目目标

1. 能够使用正确的工具设备拆装手动变速器总成
2. 能够通过拆装掌握手动变速器的构造和工作原理
3. 能够通过拆装掌握各档位动力传递路线

课前思考

手动变速器各部位的装配有什么特点？换档是如何进行的？各档位的传递路线是怎样的？装配工艺对手动变速器的功能有什么影响？

项目内容

任务一　手动变速器在整车上的装配

任务描述

本任务要求了解手动变速器在整车上的安装顺序。

学习引导

变速器是用来改变来自发动机的转速和转矩的机构，它能固定或分档改变输出轴和输入轴传动比。变速器由变速传动机构和操纵机构组成，有些汽车还有动力输出机构。变速器分为手动变速器和自动变速器两种。

1. 手动变速器装配的基本要求

1）变速器的装配应在专用车间或清洁场地进行。

2）在变速器装配过程中，应做到工件不落地。

3）准备装配的零部件及总成都要经过检验及试验，必须保证质量合格。

4）必须按工艺规定，将所有零部件、总成全部装上，不得有漏装、少装，甚至误装、错装现象。

5）严格按照维修手册的要求进行操作，对特殊零部件的拆解要使用专用工具，各螺栓拧紧力矩符合要求，使用举升机时要注意正确的支撑点和操作流程，千斤顶必须配合马凳一起使用，断开蓄电池负极电缆之前应准备好该车防盗及音响解除密码。

2. 装配中的注意事项

1）清洗输入轴花键，并涂上少许润滑脂。
2）安装变速器时，注意保证中间板精确定位。
3）对于未装自动调整机构的车辆，需检查离合器间隙，离合器间隙为 15～20mm。
4）对于安装自动调整机构的车辆应特别注意。
5）变速器与发动机链接螺栓拧紧力矩为 75N·m。
6）起动机与变速器及发动机连接螺栓拧紧力矩为 60N·m。
7）传动轴与驱动法兰盘连接螺栓拧紧力矩为 45N·m。
8）左侧支架与副车架的连接螺栓拧紧力矩为 35N·m。
9）左侧支架与发动机的连接螺栓拧紧力矩为 25N·m。
10）右后侧支架与发动机连接螺栓拧紧力矩为 35N·m。

3. 变速器总成的装车

发动机舱空间窄小，所有管路、导线都必须按规定位置装好，并与运动部件及发热部件间留有足够的间隙。安装过程中，不能将管路和导线压坏。其操作如图 6-1 所示，步骤如下：

1）将变速器轴涂上薄薄的一层润滑脂后装上变速器。
2）先用千斤顶支起变速器，装上变速器与发动机的连接螺栓，用扳手以 60 N·m 的力矩拧紧连接螺栓。
3）装上发动机两侧与车身的固定螺栓。
4）装上液力变矩器与飞轮的连接螺栓（自动变速器车辆），并按规定力矩拧紧。
5）装上起动机电源线和控制线。
6）装上变速器前部支架（手动变速器汽车）。

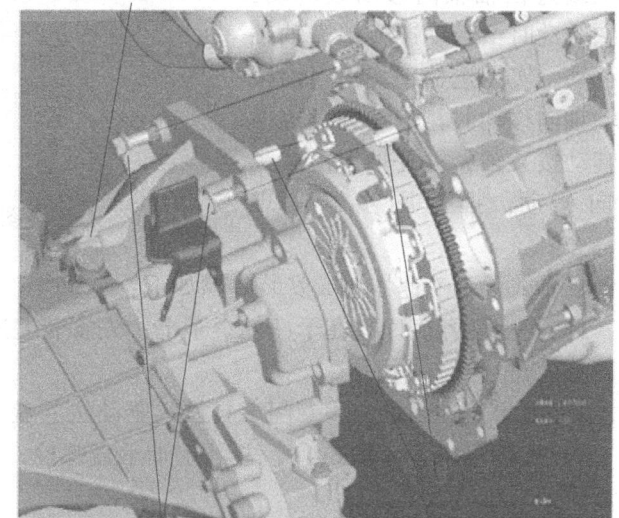

图 6-1 手动变速器与发动机安装示意图

7）装上后部支架与变速器支承的连接螺栓。
8）装上发动机前部与车身的连接扭力臂固定螺栓。
9）按规定力矩拧紧发动机两侧与车身的固定螺栓。
10）装上变速器上的车速传感器和倒车灯开关插头。
11）装上车身上的搭铁线。
12）取出安装吊车及吊装铁链。
13）装上传动轴。

任务二　手动变速器总成的装配

任务描述

本任务要求了解手动变速器总成，能够掌握手动变速器装配工作的基本内容和顺序。

学习引导

手动变速器分为两轴式和三轴式（图6-2），通过不同齿数齿轮的啮合传动改变输出的转速和转矩。如果以大齿轮带动小齿轮，则输出转速升高、转矩下降。如果以小齿轮带动大齿轮，则输出转速降低、转矩增大。在外操纵机构作用下，内换档轴或选档轴轴向移动或转动，当它转动时，带动选换档横轴轴向移动，实现选档动作；当内换档轴轴向移动时，带动选换档横轴转动拨叉轴，拨叉轴促使拨叉轴向移动，推动同步器实现换档。

图6-2　三轴式手动变速器

手动变速器的总成装配

三轴式手动变速器总成安装步骤如下：

1）把变速器底座放在干净的桌子上，先安装差速器总成，装上弹簧及驱动法兰盘（图6-3）。

2）如果安装困难，用专门工具拉入驱动法兰盘。

3）安装输出轴（图6-4），并固定轴承盖螺栓，装上滚针轴承，在1档同步环上装上主动齿轮。

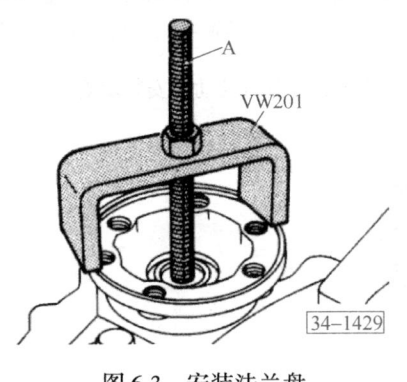

图6-3　安装法兰盘

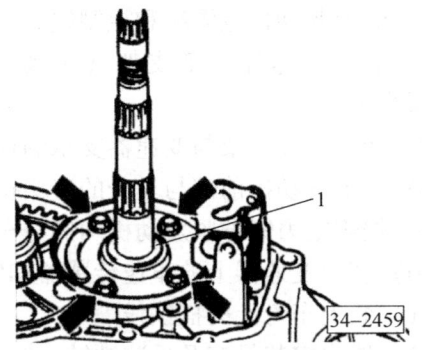

图6-4　安装输出轴

4）将滑动齿套、同步器齿毂加热至100℃并安装，安装同步环，直至把带有锁止块的卡槽排成一列，并将滚针轴承内圈推至挡块处。

5) 装上倒档轴。
6) 装上2档齿轮、同步环齿轮以及输出轴上的3档从动齿轮（图6-5）。
7) 装上把手动变速器输入轴总成。
8) 装上4档从动轮。
9) 把换档拉杆装入离合器壳的孔中。
10) 装上离合器壳体。
11) 安装带有止动元件的选档换档轴（图6-6）。

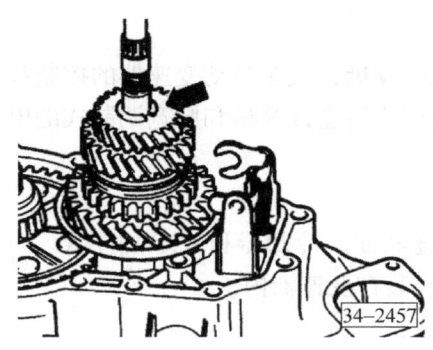

图6-5 安装3档从动轮

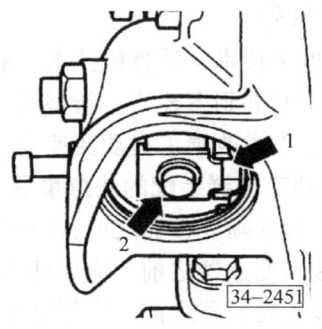

图6-6 安装选档换档轴

12) 装上变速器壳体，并把螺栓拧紧。
13) 装上五档输入轴，并装上端盖。

项目小结

1) 手动变速器装配的基本要求。
2) 变速器总成的装车。
3) 三轴式手动变速器总成安装步骤。

项目二 自动变速器装配工艺

项目目标

1. 能够使用正确的工具设备拆装自动变速器总成
2. 能够通过拆装掌握手动变速器的构造和工作原理
3. 掌握不同档位时，离合器K1、K2、K3以及制动器b1、b2是如何工作的

课前思考

自动变速器和手动变速器安装有何不同？自动变速器装配有何特点？装配工艺对自动变速器的工作有何影响？

项目内容

任务一　自动变速器在整车上的装配

任务描述

本任务要求了解自动变速器如何实现换档。

学习引导

随着电子技术、计算机技术、液压控制技术的综合发展，汽车自动变速器的控制技术也由全液压式发展到电控式。新型的电控式自动变速器应用智能计算机和脉宽调制式的电液比例压力阀，大大改善了自动变速器的性能。

1. 自动变速器装配的注意事项

1）在装入新变速器之前，应清洁 ATF（自动变速器油）冷却器和 ATF 加注管。
2）装入变速器之前，应保证液力变矩器已正确安装在变速器内。
3）装入变速器之前，应保证销钉套筒已正确地定位。
4）保证中间板已正确地坐落在发动机上。

2. 自动变速器的装车步骤

1）安装变速器托架。
2）把变速器放置在变速器千斤顶上。
3）把安全支架锁定在变速器上。
4）把变速器千斤顶放置在汽车的下面，使得变速器与发动机对齐。
5）安装发动机/变速器上部固定螺栓。
6）用千斤顶稍稍举升发动机/变速器总成的后部。
7）装入左、右侧带粘结支架的变速器支架。
8）装入发动机/变速器下部的固定螺栓，如图 6-7 所示。
9）安装起动机。
10）把传动轴安装至变速器。加入 ATF 至规定量。
11）安装橡胶支架保护板、变速杆拉索保护板、右传动轴保护板。
12）安装带三元催化装置的前排气系统。
13）重新连接转速表传感器、各电气连接点接线及线束卡箍。
14）装入隔声盘支架和隔声盘。
15）装入前车轮，拆下托架。
16）装入发动机盖板。连接蓄电池的搭铁线。
17）把变速杆移动至 P 位，并且把变速杆拉索压入变速杆轴中，装入支撑支架上的螺栓和变速杆拉索。
18）检查变速杆拉索的调整状态，若有必要，重新进行调整。

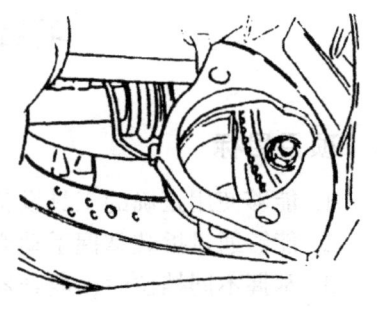

图 6-7　安装发动机/变速器固定螺栓

19）装入变速器后，检查主传动的机油液位，若有必要，补充 ATF。
20）用规定力矩拧紧变速器总成的螺栓。

任务二　自动变速器总成的装配工艺

任务描述

本任务要求了解自动变速器总成，能够掌握自动变速器装配工作的基本内容和顺序。

学习引导

自动变速器能够实现自动换档是因为驾驶人踏下加速踏板的位置或发动机进气歧管的真空度和汽车的行驶速度能指挥自动换档系统工作，自动换档系统中各控制阀不同的工作状态将控制变速齿轮机构中离合器的分离与结合和制动器的制动与释放，并改变变速齿轮机构的动力传递路线，实现变速器档位的变换。行星齿轮变速器的组装步骤如下：

1）把 O 形圈装入行星齿轮架，如图 6-8 所示。
2）把推力滚针轴承和垫圈装入输入齿轮，如图 6-9 所示。

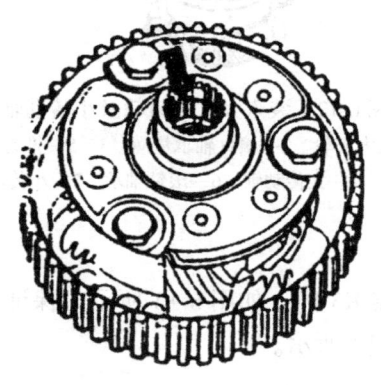

图 6-8　装入 O 形圈

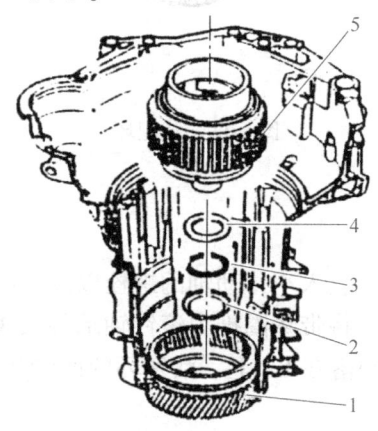

图 6-9　装入推力滚针轴承及垫圈
1—输入齿轮　2、4—推力滚针轴承垫圈
3—推力滚针轴承　5—行星齿轮架

3）将小太阳齿轮以及垫圈和推力滚针轴承一同插入行星齿轮架内。
4）将垫圈和推力滚针轴承调整到小太阳齿轮的中心。装入自由轮和倒档制动器的内、外摩擦片。
5）装入压力板，平面侧朝着摩擦片。压力板的厚度根据摩擦片的数量不同而不同。
6）装入碟形垫圈，凸起侧朝着自由轮，如图 6-10 所示。
7）用装配环 3267 对自由轮滚柱旋加预紧力并且将自由轮装入，如图 6-11 所示。
8）装入自由轮的卡环 b，将卡环的开口装到自由轮

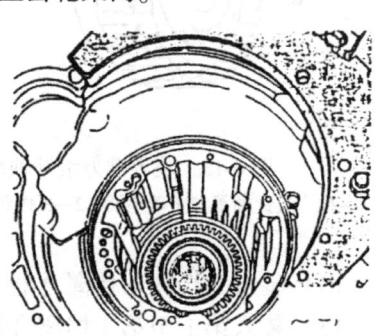

图 6-10　装入碟形垫圈

的定位键上。

9）将导流块装入变速器壳体上具有 ATF 通气孔的槽内。

10）将自由轮的卡环 a 的开口装到自由轮的定位键上，装上变速器速度传感器。

11）依次将大太阳齿轮直到小传动轴装入变速器壳体内，如图 6-12 所示。

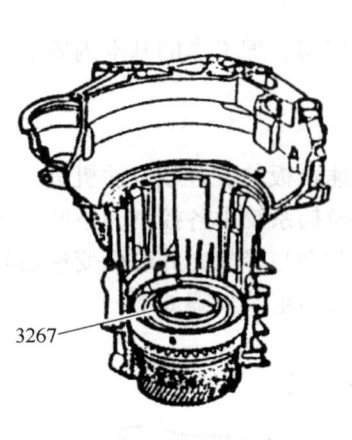

图 6-11　装配环

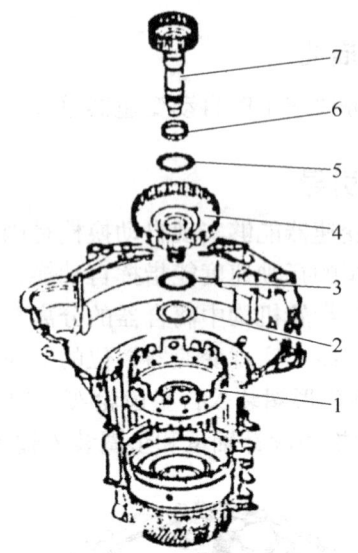

图 6-12　装入大太阳齿轮及小传动轴
1—大太阳轮　2—滚针轴承垫圈　3、5—推力滚针轴承　4—大传动轴　6—滚针轴承　7—小传动轴

12）装入小传动轴的螺栓以及垫圈调整垫片。

13）将带垫圈推力滚针轴承装入 3 档和 4 档离合器 K3 内，如图 6-13 所示。保证活塞环正确地坐落在 K3 上、活塞环的两端相互钩住，如图 6-14 所示。

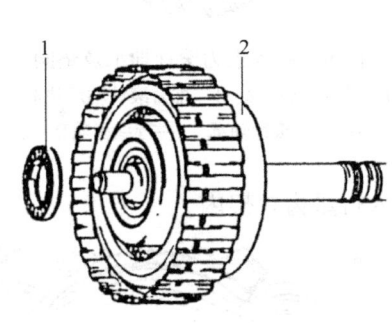

图 6-13　装入推力滚针轴承
1—推力滚针轴承和止动垫圈　2—3 档和 4 档离合器

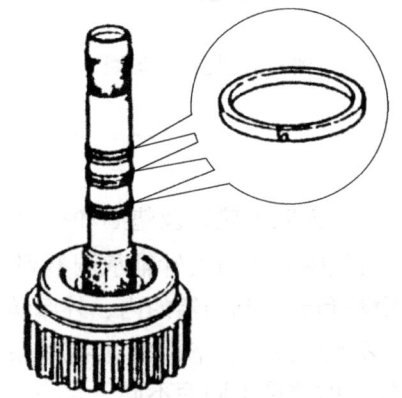

图 6-14　活塞的正确装配

14）装入 3 档和 4 档离合器，将密封圈装入槽内，如图 6-15 所示。

15）装入第 1 至第 3 档离合器，如图 6-16 所示，并将调整垫片装入，如图 6-17 所示。

16）装入倒档离合器，如图 6-18 所示。

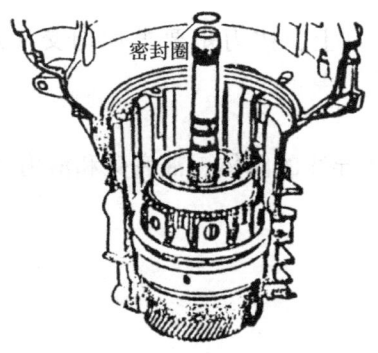
图 6-15 装入 3 档和 4 档离合器

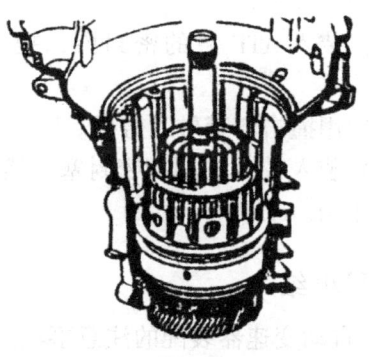
图 6-16 装入第 1 至第 3 档离合器

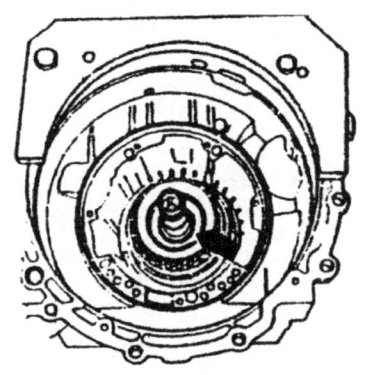
图 6-17 装入调整垫片

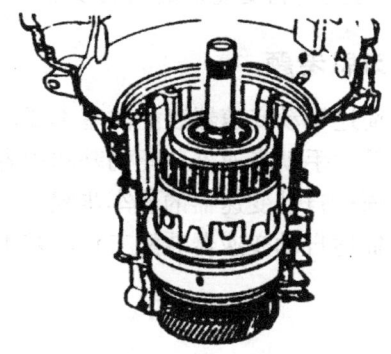
图 6-18 装入倒档离合器

17)装入摩擦片支撑管,如图 6-19 中箭头所示,使得支撑管的槽卡在自由轮的定位键上。然后按以下步骤安装 B2 摩擦片:①先装入一个 3mm 厚的外摩擦片;②将 3 个弹簧头装到外摩擦片上;③装入压缩环;④装入除最后一片外的所有的摩擦片;⑤装入最后经测量过的摩擦片;⑥装入波纹形垫圈。

18)装入最后一个 3mm 厚度的外摩擦片。装入调整垫片,把止动环放到调整垫片上,光滑侧朝着调整垫片,如图 6-20 所示。

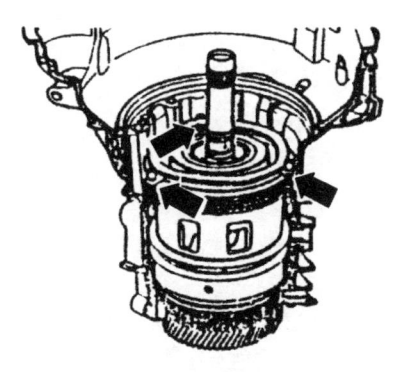
图 6-19 装入 B2 摩擦片

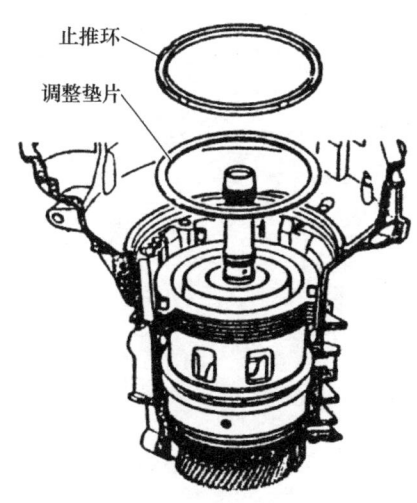
图 6-20 装入调整垫片及止推环

19）装入 ATF 泵的密封圈，把 O 形圈放到 ATF 泵上，按力矩要求均匀交叉地拧紧螺栓。

20）用撞击套管敲入盖板。

21）装入带 O 形圈的密封塞，然后依次装入带扁状导线的阀体、油底壳和液力变矩器，最后加注 3L ATF。

项目小结

1）自动变速器装配的注意事项。
2）自动变速器的装车步骤。
3）行星齿轮变速器的组装步骤。

复习思考题

1. 简述手动变速器装配的基本要求。
2. 简述手动变速器装配的基本内容和步骤。
3. 简述自动变速器的装车步骤。
4. 简述自动变速器装配工作的基本内容和顺序。

模块七　汽车车桥装配工艺

汽车车桥分为前桥和后桥。对于布置形式为前置后驱的汽车来说，前桥也称为转向桥，它的主要作用是利用转向节的传动实现汽车转向，并将后桥传来的推力传给车轮；后桥也称为驱动桥或主动桥，它的主要作用是将万向传动装置传来的发动机动力经减速增矩改变传动方向后，分配给左、右驱动轮，并且允许左、右驱动轮以不同转速旋转。驱动桥一般由主减速器、差速器、半轴、桥壳等组成。按照悬架结构的不同，驱动桥可以分为整体式驱动桥和断开式驱动桥。本章主要介绍前置后驱装配形式的汽车车桥。

项目一　汽车车桥装配

项目目标

1. 掌握汽车车桥的种类、功能和结构
2. 熟悉车桥的安装方法

课前思考

前、后车桥有什么不一样？车桥有哪些作用？

项目内容

任务一　前桥的装配

任务描述

本任务要求熟悉前桥的结构和作用，能够掌握前桥装配工作的基本内容和顺序。

学习引导

汽车前桥一般为转向桥。转向桥利用转向节使车轮可以偏转一定的角度以实现汽车的转向。

1. 装配注意事项

装配中应注意遵守操作工艺规程，按装配对正标记位置进行装配。装配后，根据相互位置配合情况作适当调整，保证装配后的转向桥各个零部件具有正确的装配位置和装配关系。在装配过程中应保证以下参数：

1) 内腔清洁度。清洁的零件表面可保证旋转零件间无任何异物，从而保证旋转零件的使用寿命。

2) 合适的力矩值。力矩包括紧固件力矩和轴承起动力矩。合理的紧固件力矩可保证连接强度和平面间的密封性以及在设计的抗切强度及抗拉强度范围内保证紧固件的最大使用寿命;一定的轴承起动力矩,除了能消除轴承间隙,还能给轴承一定的预紧力,使轴承具有一定的刚度,从而保证轴承的最大使用寿命。

3) 合适的间隙。间隙包括制动间隙和轮毂的轴承间隙。合理的制动间隙可以消除制动异响,增强制动的平稳性和灵敏性,从而保证行驶安全。

4) 油漆外观。在一定质量的技术和工艺条件下,通过表面处理、喷漆、烘干来保证车桥面漆的质量。

2. 前桥定位参数

将前桥按装车的位置放置,装配线的前进方向为车的前进方向,钢托的加工面朝上。人在驾驶室的位置,人左边为左前桥,人右边为右前桥。

(1) 主销后倾角(图7-1) 主销后倾角能形成回正的稳定力矩,一般为2°~3°。

由于主销后倾角的存在,若车轮偶然受到外力作用而稍有偏转,将使汽车行驶方向偏移。由于汽车本身离心力的作用,路面与车轮之间产生一个作用力,从而产生一个力矩,其方向正好与车轮偏转方向相反。在此力矩作用下,将使车轮回到原来中间的位置,从而保证汽车稳定直线行驶,故此力矩称为稳定力矩。但该力矩不宜过大,否则转向时驾驶人感到转向盘转动沉重。

(2) 主销内倾角 主销内倾角具有使车轮回正的作用,即能使转向操纵轻便,一般内倾角不大于8°,如图7-2所示。

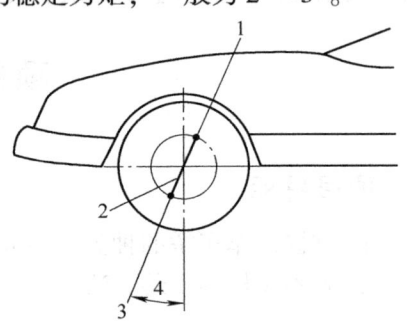

图7-1 主销后倾角
1—上球头 2—下球头 3—转向节主销 4—主销后倾角

当车轮在外力作用下由中间位置偏转一个角度时,车轮的最低点将陷入路面以下。但实际上车轮下边缘不可能陷入路面以下,而是将车轮连同整个汽车前部向上抬起一个相应的高度。这样,汽车本身的重力有使车轮回到原来中间位置的效应。

主销的内倾还使主销轴线与路面交点到车轮中心平面与地面交线的距离 C 减小,从而减少转向时驾驶人加在转向盘上的力,使转向操纵轻便,同时也可减小车轮传到转向盘上的冲击力。

3. 转向节装配工艺

1) 把推力轴承放在前轴主销孔平面上,对正主销孔,并使轴承外壳与主销孔端面接触。

2) 把左、右转向节及衬套总成分别插入前轴。对准主销孔,把涂上润滑油的注销端面有槽的一端朝下,插入转向节、推力轴承及前轴主销孔的一半,使锁销平面朝向锁销孔,把垫圈插入前轴与转向节上耳的两平面之间,使其间隙最小处不大于0.2mm,然后用铜锤将主销打入。

3) 把楔形锁销从转向节带滑脂嘴的一侧打入前轴锁销孔内,使锁销平面和主销平面紧密贴合,并使螺纹端露出16mm以上,尾部至少露出3mm以上,此时,转动转向节应能自由转动无发卡现象。

模块七 汽车车桥装配工艺

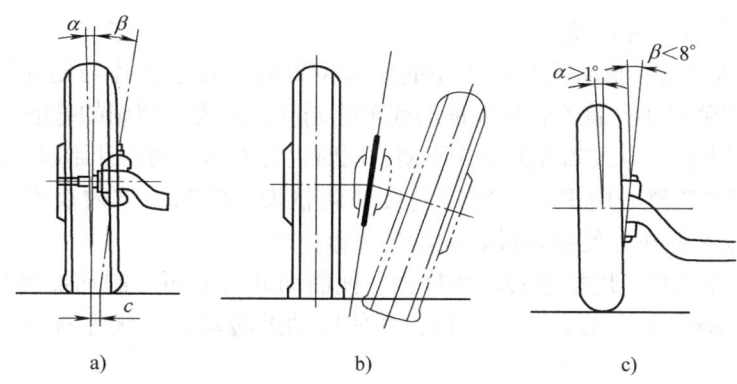

图 7-2 主销内倾角作用示意图及车轮外倾角
a) 垂线 b) 车轮外倾 c) 主销内倾

4. 制动器装配

（1）安装要求

1）禁止反装。

2）制动蹄带摩擦片总成、制动盘面不许沾油。

3）安装 ABS。

①装配时注意 ABS 线束的破损。

②ABS 分为端面接触式和齿面接触式。装配时，齿面接触式 ABS 要注意齿圈的齿顶和中心，连线要与感应探头在同一线上，感知信号会强。

③ABS 端口的信号有无：旋转轮毂带制动总成旋转速度，测量感应电压（若电压达不到，从制动器底板调整孔调节感应探头直至电压符合要求）。

（2）轮毂带制动鼓的装配

1）压装时油封唇口不能损坏。

2）方向：从轮胎螺栓的左、右（轮胎螺栓左旋为左，轮胎螺栓右旋为右）来判定轮毂带制动鼓的左、右。

3）调整轮毂预紧力轴承的预紧。轴承安装时，使轴承内部滚动体与套圈间保持一定的初始压力和弹性变形，以减少工作载荷下轴承的实际变形量，从而改善支承刚度、提高回转精度。

5. 安装转向节臂、调整转角

1）将直拉杆臂装入左转向节的锥孔内，再装入转向节臂螺母并紧固。

2）将左、右横拉杆臂分别对应装到左、右转向节的下锥孔内，装入转向臂螺母并紧固。

3）用转向角调整辅具调转向角，调好后紧固。

6. 轮毂总成的装配与间隙的调整

（1）轮毂总成的装配

1）将组装好的轮毂分别装在左、右转向节上，然后分别装上轴承内圈、转向节螺母锁紧垫圈、转向节螺母，打紧后，使轮毂组合无法转动。

2）用气动扳手将螺母拧松 1/4 圈左右后使轮毂组合转动，然后插入开口销锁紧。

3) 装好前轮毂盖，并拧紧。

(2) 调节制动间隙　制动蹄在不工作的原始位置时，其摩擦片与制动鼓之间应保持合适的间隙。如果间隙过小，就不容易保证彻底解除制动，造成摩擦副的拖磨；如果间隙过大，将使制动踏板行程太长，以致驾驶人操作不便，同时也会推迟制动器开始起作用的时间。

1) 油制动间隙调整。用平口螺钉旋具拨动调整齿，使制动鼓内表面与制动器蹄片贴紧，制动鼓转不动，回拨并使制动鼓转动均匀无摩擦声。

2) 气制动间隙调整。用扳手转动蜗杆轴，使制动鼓内表面与制动器蹄片贴紧，制动鼓转不动；反向转动蜗杆轴（1/2～2/3 圈），并使制动鼓转动均匀无摩擦声，间隙用塞尺来测定。

7. 横拉杆总成的装配与前束调节

前束是指两轮之间的后距离数值与前距离数值之差，也指前轮中心线与纵向中心线的夹角。它的作用是保证汽车的行驶性能，减少轮胎的磨损。不同的汽车前束调校值不一样，但都可以通过转向横拉杆的长度来调整。

1) 将横拉杆总成两端接头球销锥部装入左、右横拉杆的锥孔内，并用接头螺母紧固（按工艺的拧紧力矩控制），然后插入开口销锁住。

2) 用前束工装调整前束，保证图样要求尺寸。

任务二　后桥的装配

任务描述

本任务要求熟悉后桥的结构和作用，能够掌握后桥装配工作的基本内容和顺序。

学习引导

汽车后桥的作用是将万向传动装置传来的发动机转矩通过主减速器、差速器、半轴等传到驱动车轮，实现降速增矩。

1. 安装减速器

1) 将密封胶均匀连续地涂在桥壳平面上一圈，接合面中间均匀连续涂一圈，沿着通孔涂整圈，盲孔沿内侧涂，如图 7-3 所示。

2) 将减速器沿桥壳豁口放入。

3) 将螺栓带入螺纹中。

4) 用气扳机将螺栓对角拧紧至要求转矩。

5) 将空气塞螺纹涂上密封胶后用呆扳手拧至桥壳相应螺纹孔中。

6) 将放油螺塞和加油螺塞拧入桥壳对应螺纹孔中。

2. 装制动器、ABS

1) 将传感器衬套推靠至传感器支架中，并将传感器总成推靠至传感器衬套中。

2) 沿定位销将制动器装入桥壳法兰上。

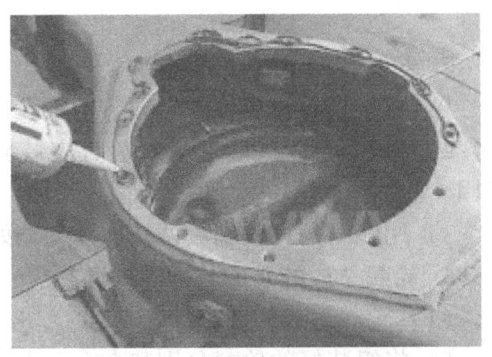

图 7-3　桥壳表面涂上密封胶

3）将长螺栓穿入传感器支架孔中，将螺栓带入螺纹孔中两扣以上，使传感器合件在整车方向上朝上，将其他螺栓带入螺纹中两扣以上。

4）将螺栓对角拧紧至规定力矩。

5）将传感器线束从相应挡尘盘孔中穿出，用保护圈将线束固定。

3. 装凸轮支架、制动缸

1）将螺栓穿入凸轮支架中，带入桥壳相应螺孔中至少两扣以上，用气扳机预紧。

2）将制动缸进气口朝上，紧固到制动缸支架上。将制动缸与制动缸支架的连接螺母按规定力矩拧紧。

3）将调整臂孔对准制动缸连接叉，插入销，对准销轴孔插入开口销，分开开口销末端。

4. 装凸轮

1）将凸轮穿入制动支架和凸轮支架的孔中。

2）套入隔垫，再套入调整臂，使蜗杆朝上，然后装入外卡环。

3）将控制臂支架向制动方向推动，直到推不动为止。

5. 装回位弹簧和油封座圈

1）用回位弹簧将两蹄片连接起来，调整蜗杆使凸轮的张角最小。

2）将凸轮支架螺栓拧紧至要求转矩，并保证凸轮能够转动灵活且不发卡。

3）将油封座圈内孔倒角向内推靠至轴头端面。

6. 装轮毂

1）将内轴承内圈加热后，大端朝向桥壳，安装在轴头上，座圈和轴承端面要紧靠。

2）将轮毂扣在制动器蹄片上。

3）将外轴承内圈大端朝外装入轮毂轴承外环中。

4）将调整螺母拧入轴头螺纹中，用气动扳手将螺母拧紧。正、反两方向转动轮毂，使轴承内外圈正确配合，轮毂应能自由转动而无明显摆动。

7. 装半轴

1）将垫密片穿入半轴。

2）将螺栓用手带入螺纹中，用气动扳手将螺栓对角拧紧。

项目小结

1）前桥定位参数的含义。

2）转向节、制动器和转向节臂的装配。

3）轮毂总成、横拉杆总成的装配。

4）转向角、制动间隙和前束的调节。

5）制动器、ABS和半轴的安装过程。

项目二　汽车主减速器装配

项目目标

1. 掌握汽车主减速器的结构和工作原理

2. 了解主减速器的安装过程

课前思考

主减速器有什么作用？它是如何工作的

项目内容

任务描述

本任务要求熟悉主减速器的结构、作用以及工作原理，掌握主减速器装配工作的基本内容和顺序。

学习引导

主减速器的减速传动机构为一对准双曲面锥齿轮，它的主要作用是降低转速、增大转矩，当发动机纵置时还具有改变转矩旋转方向的作用。

1. 注意事项

在主减速器的安装调试过程中，需要注意以下三个方面：

（1）圆锥滚子轴承的预紧　在消除轴承间隙后，对轴承加一定的轴向压紧力。若压紧力过小，不能满足轴的支撑刚度需要；若压紧力过大，会导致传动效率降低，并且加速轴承磨损。

（2）齿面接触情况调整　先在主动锥齿轮上涂红色颜料，然后使主动锥齿轮往复转动，从动锥齿轮轮齿的两工作面上便出现红色印迹。通过调整主动锥齿轮的前后位置和从动锥齿轮的左右位置，可以调节齿面接触情况。在转动过程中，齿轮轮齿工作面上的印迹应位于齿高的中间，并偏于小端，占齿面宽度 60% 以上，以保证主、从动齿轮之间有正确的相对位置。

（3）对主减速器内的齿轮和轴承进行润滑　当从动锥齿轮转动时，齿轮油被甩溅到各齿轮和轴承上。

2. 主减速器总成装配

（1）减速器壳上线、定位和夹紧　将减速器壳吊至随线小车上，再以轴承座孔为基准，将减速器壳定位，用 4 个压板将减速器壳压住，紧固压板螺母。

（2）主动锥齿轮的装配和轴承预紧度的调整

1）在轴承座的前、后端承孔内分别压入 7610E 和 7613E 轴承外圈，并压入到位。

2）将轴承内圈总成压入到主动锥齿轮轴后端轴颈上，并压入到位。

3）在轴承外圈工作面上涂抹一层润滑油，将主动锥齿轮及后轴承装入轴承座内，在轴承座前端，装入轴承调整垫片（若使用原轴承，应将圆垫片减少 1~2 块），再装入前轴承 7610E 的轴承内圈总成至主动锥齿轮轴的前轴径上。

4）将新油封压入轴承盖内（涂密封胶），并更换轴承盖密封衬垫，在前轴承内圈前，装上止动垫圈，然后套上轴承盖，装上花键突缘及平垫圈，拧入槽形螺母。

5）将槽形螺母一边拧紧，一边转动主动锥齿轮，使圆锥滚子轴承定好位，最后以 200~290N·m 的力矩拧紧槽形螺母。

6）把轴承盖向前拉动，使其定位止口与轴承座脱离接触，防止因油封的阻力影响轴承预紧度的调整。用弹簧秤钩住突缘上的孔测量圆锥主动齿轮的转矩，应为 1.3~3.5N·m，相当于弹簧秤 25~28N 的拉力，如图 7-4 所示。

7）若弹簧秤的拉力过大，则应增加轴承间隙调整垫片；反之，则应减少调整垫片。

8）当测定力矩达到要求后，装上轴承盖，用开口销穿入槽形螺母并锁好。此时，用手前后推拉突缘，应无间隙。

(3）主动锥齿轮总成的装配 在减速器壳轴承座平面涂上密封胶，在螺孔对角方向插入两个定位销，装入调整垫片，保证调整垫片组油孔对正减速器壳的油道孔；然后在调整垫片上涂上一圈密封胶；最后对正油道孔，装入主动锥齿轮总成，取出定位销，如图 7-5 所示。

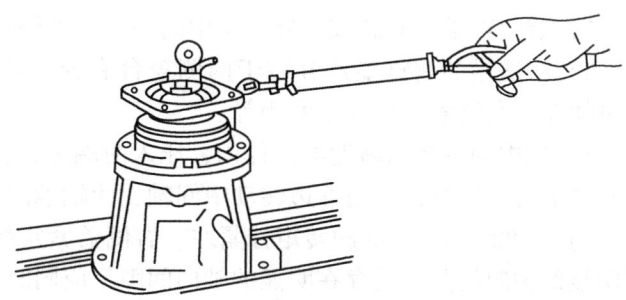

图 7-4 主动锥齿轮轴承预紧度的测量

图 7-5 涂密封胶和放入主动锥齿轮总成

将螺栓装入螺纹孔中，用手带入两扣以上。用气动扳手将螺栓拧紧至 160~180N·m。拧紧螺栓时，应采用对角拧紧，如图 7-6 所示。

图 7-6 将螺栓拧紧

(4）从动锥齿轮与主动圆柱斜齿轮的装配及轴承预紧度的调整 从动锥齿轮与主动圆

柱齿轮一般是通过铆接或用螺栓连接的形式组合成一体，称为中间轴。其两端轴颈上压入 7611E 型轴承内圈总成，轴承外圈压入两侧的侧盖内，两侧盖台肩处装有轴承间隙调整垫片，紧固两端侧盖再转动从动锥齿轮可以检验轴承预紧度是否符合要求。其具体步骤如下：

1）装上轴承内圈总成、外圈至中间轴轴颈和侧盖内，须压入到位。

2）将适量的调整垫片分装于两侧盖台肩处。若使用原轴承时，应减少 1~2 块垫片，尽量使左、右侧盖的垫片厚度相等。

3）把中间轴放入减速器壳体内，压入两端侧盖，使轴承内圈进入轴承外圈内。分别拧紧两侧盖的紧固螺钉，边拧边转动中间轴，使轴承滚子进入正确位置。

4）用 80~90N·m 的转矩拧紧左、右侧盖紧定螺钉后，用手沿轴向晃动从动锥齿轮应无明显的轴向间隙。若存在明显的轴向间隙，应同时在两侧盖处减少相同厚度的垫片后进行紧固并检查。当用力转动从动锥齿轮略感有阻力时，为合适，用弹簧秤进行检查，拉力应为 14.7~34.3N，相当于轴承预紧转矩为 1.5~3.5N·m。

5）若预紧转矩过大，则应增加一侧盖的调整垫片；反之，则应减少一侧压盖的垫片，直至符合要求。

在调好中间轴轴承预紧转矩后，调整齿轮咬合时可改变左、右侧盖的垫片数量，以满足咬合印痕的需要，但不能减少两侧垫片已确定的总厚度，即当需要从左侧减少 1 片垫片时，应把此垫片放入右侧，而不能不装；否则，轴承预紧度就会发生变化，不符合使用要求。

不论何种车型，在检查锥形滚柱轴承预紧转矩时，应在轴承外圈上涂抹润滑油或润滑脂，否则将使轴承预紧转矩偏小。

(5) 主、从动锥齿轮咬合印痕及齿侧间隙的检查与调整

1）将已装配和调整好的主动锥齿轮及轴承座与调整主动齿轮轴向位置的调整垫片一起对好减速器壳体的定位销、油孔等，并装至减速器壳体上，用紧固螺栓紧固。此时，主、从动齿轮已咬合，可进行咬合印迹及齿侧间隙的检查与调整。

调整原则：在检查、调整咬合印迹时，应注意齿侧间隙的变化，旧齿轮以检查咬合印迹为主。增减主动齿轮轴承座与减速器壳体平面间的调整垫片数量来调整主动齿轮的前后位置；替换中间轴左、右侧盖垫片的位置来改变从动锥齿轮的左右位置，从而达到改变印迹及齿侧间隙的目的。

2）用干净软布擦净主、从动锥齿轮工作面，在从动锥齿轮上沿圆周方向大致等距分布的 3 个轮齿的凸面（前进方向的受力面）上均匀涂抹一层红铅油。

3）用手按前进方向转动主动齿轮轴上的凸缘数圈，其轮齿凸面的印痕应如图 7-7 所示，即咬合印迹应位于齿长方向的中部偏向小端，并在齿高方向的中部为宜。

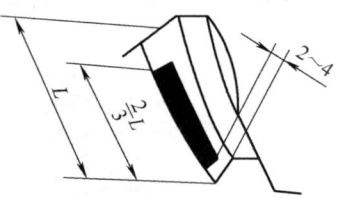

图 7-7 从动锥齿轮

4）若咬合印迹不符合上述要求时，齿轮在运行中受力不均，须予以调整，一般会出现表 7-1 中的 4 种情况，应按矫正方法予以调整。

5）在调整咬合印迹时，主要考虑汽车前驶方向的印迹，结合考虑后驶方向的印迹，若后驶方向凹面印迹难以符合要求，则应以前驶方向凸面印迹为主进行检查调整。

(6) 齿侧间隙的检查　新换的主、从动锥齿轮在咬合印迹符合要求时，应有 0.15~0.40mm 的齿侧间隙，可用百分表或用软铅片进行检查，并进行多点测量，各处间隙差应不

大于 0.15mm。旧齿轮侧隙可达 0.60~0.80mm，当间隙大于 1mm 时，应成对更换主、从动锥齿轮。

表 7-1 锥齿轮的 4 种调整方法

向前 向后	调整放法	啮合位置
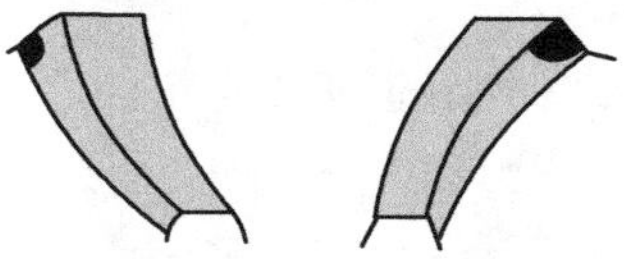	将从动锥齿轮向主动锥齿轮移近，若此时间隙过小，则将主动锥齿轮移开	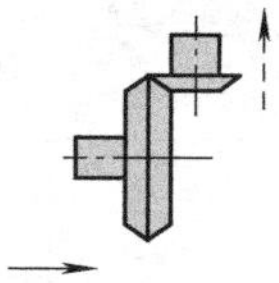
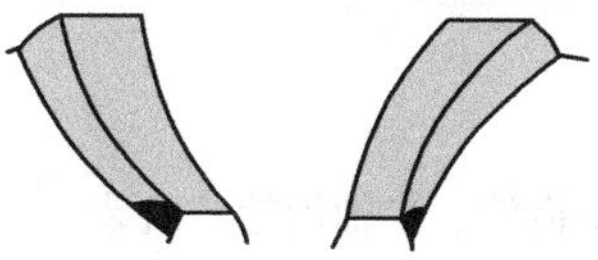	将从动锥齿轮自主动锥齿轮移开，若此时间隙过大，则将主动锥齿轮移近	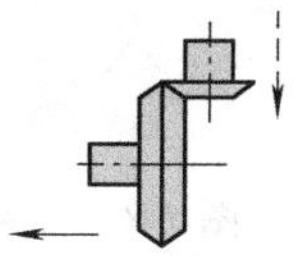
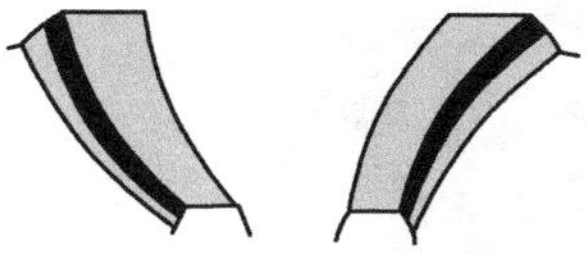	将主动锥齿轮向从动锥齿轮移近，若此时间隙过小，则将从动锥齿轮移开	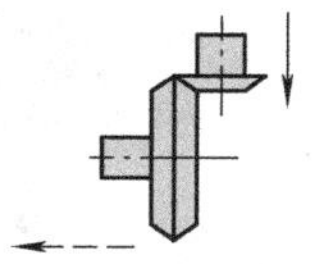
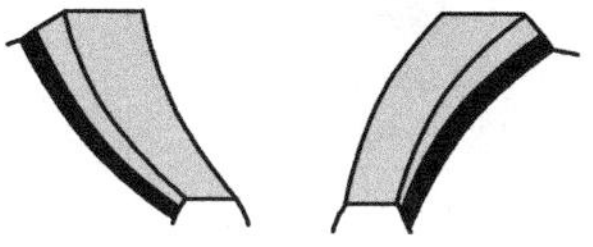	将主动锥齿轮自从动锥齿轮移开，若此时间隙过大，则将从动锥齿轮移近	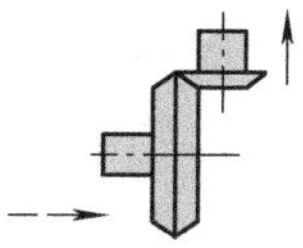

当新齿轮副侧间隙过小或无间隙时，可增加主动锥齿轮轴承座与减速器壳体平面间的调整垫片数量，前移主动齿轮；或将左侧盖的适量垫片加至右侧，使从动齿轮右移，达到一定的间隙要求。此时，结合考虑印迹的变化从上述两种方法选择一种。

当新齿轮副齿侧间隙过大时，反向操作。

(7) 汽车差速器的装配

1) 分别将差速器上、下轴承压装至左、右差速器壳轴颈上（图 7-8）。

2) 安装差速器壳及从动锥齿轮。

3) 组装行星齿轮、半轴齿轮（图 7-9）。

把半轴齿轮和半轴齿轮垫片合件放在差速器壳孔中，将行星齿轮、行星齿轮垫片、十字轴合件装在半轴齿轮及差速器壳上，在合件表面滴适量齿轮油，装上另一个半轴齿轮及半轴齿轮垫片。

4) 装差速器右壳、拧紧固螺栓，如图 7-10 所示，将与差速器左壳相配的右壳放到左壳上，将左、右壳连接螺栓用手带入螺纹孔两扣以上，然后拧紧至规定力矩。

5) 差速器总成装配好后，将差速器与大圆柱斜齿轮组装在一起，其左、右差速器壳通过专用螺栓与大圆柱斜齿轮连接，螺栓拧紧转矩为 98~180N·m，并穿上开口销。

图 7-8 压装差速器上、下轴承

图 7-9 行星齿轮、半轴齿轮的组装

图 7-10 差速器右壳安装过程

(8) 差速器轴承预紧力、齿侧间隙的调整　差速器轴承预紧力、齿侧间隙的调整如图 7-11 和 7-12 所示,方法如下:

图 7-11 差速器轴承预紧力调整

1) 调整调整环左、右位置来调整差速器轴承的预紧力,用弹簧秤水平拉动从动锥齿轮紧固螺栓,使旋转差速器总成的拉力为 40~64N,此时两调整环的轴向位置应大致相同。

2) 将差速器轴承盖紧固螺栓拧紧至 177~215N·m,轴承盖与减速器壳结合面应无间隙。

3) 转动左、右两侧调整环,改变从动锥齿轮的轴向位置,从而调整主、从动锥齿轮的齿侧间隙,用百分表 100% 检测,保证齿侧间隙为 0.20~0.30mm,齿侧间隙变动量在

0.1mm 以内。在从动锥齿轮大致三等分的位置测量齿侧间隙，为了不改变已调好的差速器轴承预紧力，左、右调整环的进退量必须相同。

4）将带有弹垫的螺栓套入锁片孔内，然后拧入减速器壳相应螺纹孔内，将锁片折边对正调整环的开槽内，然后用气动扳手预紧，再用定值扳手复紧至 9.8~14.7N·m。

（9）差速器总成安装　如图 7-13 所示，具体安装方法如下：

1）将工艺螺栓及差速器轴承盖拆下，将工艺螺栓放于料斗中，将轴承盖放于小车两边，并换上连接螺栓。

图 7-12　齿侧间隙调整

图 7-13　差速器总成安装

2）将差速器总成及轴承外环装入减速器外壳，使两轴承外环置于减速器壳轴承孔中。

3）将调整环拧入减速器壳螺纹孔内。用手转动调整环，使调整环螺纹嵌到减壳螺纹内，防止螺纹乱扣。

4）装上左、右差速器轴承盖，用手将螺栓拧入螺纹孔中两扣以上，用气动扳手拧紧，使轴承盖与减速器结合面无间隙。

项目小结

1）在主减速器的安装调试过程中，需要注意 3 个方面内容：圆锥滚子轴承的预紧；齿面接触情况调整；对主减速器内的齿轮和轴承进行润滑。

2）汽车差速器、主从动锥齿轮的装配。

3）主动圆柱斜齿轮的装配。

4）主、从动锥齿轮咬合印痕的调整。

5）轴承预紧度、齿侧间隙的调整。

复习思考题

1. 简述前轮定位的作用。
2. 主、从动锥齿轮齿侧间隙如何调整？
3. 齿轮咬合印记如何调整？

学习领域三　汽车总装配工艺

　　汽车总装配作为汽车制造四大工艺的最终环节，是保证汽车整车质量的一个重要环节，也是对汽车零部件制造质量的一个整体检验过程。汽车总装配是将数以万计的汽车零部件组装成一辆完整汽车。汽车行业中流传着一句话"采用质量上乘的零部件不一定能装配出一辆品质优良的汽车整车"，即使采用优质零部件，若在总装配过程中存在零部件相对位置不一致、螺纹连接的紧固力不当等问题，都会使整车存在可靠性、安全性等问题。当然，若采用不合格的零部件，即使总装配工艺如何先进也不会装配出一辆品质优良的汽车。

　　汽车总装配过程也是对各个零部件加工质量的一个最终检查过程。在总装配过程中，会发现汽车在生产过程以及结构设计方面存在的各种问题，如零部件生产中存在的制造误差，初始设计存在的不合理结构尺寸，以及装配工艺本身的问题等，在总装配的过程都会出现。在基于合格零部件的基础上，研究汽车总装配工艺，采取合适的装配方法，对生产优质汽车具有重要意义。

　　虽然汽车种类繁多，而且不同类型汽车结构的总装配工艺也具有较大差异，但汽车总装配的基本构架以及工艺基础大致相同。为了清晰透彻地理解汽车总装配的制订以及操作的整个过程，在此对汽车总装配工艺基础、工艺制订原则、工艺流程等进行阐述。

模块八　汽车装配技术

项目一　装配工艺现状及发展趋势

受传统观念影响，装配往往不受重视，诸多企业动辄投入几千万元或上亿元资金购置机加工设备，而在装配投入方面关注度相对较低。近年来，我国汽车零部件生产企业在引进或新添装配线方面投入部分资金，但由于理念滞后，并未充分利用好有限投入。有些企业建成了外观很好的现代化装配流水线，但仅限于输送功能，而核心工艺并未提高，因此，自动化输送线装出的产品质量无法与国外产品相比，制约企业的发展，很值得反思。同时，传统汽车装配采用的零件逐一叠加的生产方式，导致工位较多、装配线较长、装配效率较低。

随着全球化竞争的日益加剧，汽车产业发生了大的变革，世界各大汽车公司纷纷实行全球生产、全球采购、系统设计及模块化供货，使汽车零部件新技术产品的研发正在向零部件企业转移，整个汽车工业上升为全面的品牌竞争，形成系统化和模块化的生产方式。

项目目标

1. 了解汽车装配技术和装配工艺的发展趋势
2. 知道装配工艺未来发展需求

课前思考

装配生产方式的变革是一个什么样发展的过程？汽车虚拟装配工艺主要包括哪些？它的特点和优势是什么？装配工艺现有水平和未来的趋势是怎样的？

项目内容

任务一　汽车装配技术发展趋势

任务描述

本任务要求了解汽车装配技术的发展，主要针对虚拟装配系统可能会成为未来汽车装配的一个亮点进行学习。

学习引导

近年来，随着汽车消费市场需求的个性化和多样化，汽车装配作业也从传统的单一品种、大批量生产向多品种、中小批量转化，装配生产的批量性特点趋于复杂，安装零件的品种、数量进一步增多，对零部件的接收、保管、供给、装配作业指导等都提出了新的要求。市场的变化必将使装配生产方式产生变革，逐步向装配模块化、自动化装配技术与柔性装配系统（FAS）、汽车虚拟装配系统（AVAS）发展。

1. 装配模块化

所谓模块，是指按汽车的组成结构将零部件或子系统进行集成，从而形成一个个大部件或大总成。生产装配模块化即汽车零部件厂商生产模块化的系列产品，整车厂商只对采购的模块化产品进行装配即可完成整车生产。

2. 柔性装配系统

柔性装配系统（Flexible Assembly System，FAS）是近年才发展起来的一种多品种自动装配系统。它是由计算机控制的具有高度的装配自动化、装配柔性、生产率及较好的可靠性的自动装配系统。FAS 是柔性制造系统（FMS）的一个重要环节。

柔性装配系统的发展与装配机器人的迅速发展分不开，它可编程序、可扩展、可更换并具有人机接口系统，由装配机器人系统、物料输送系统、零件自动供料系统、工具（手部）自动更换装置及工具库、视觉系统、基础件系统、控制系统和计算机管理系统组成。从结构上可分为柔性装配单元（FAC）和柔性装配系统（FAS）。柔性装配单元借助一台或多台机器人按程序完成各种装配工作，采用机械视觉系统、超声波阵列测零件位置及有关参数。柔性装配系统分为两种，一种是柔性多工位同步系统，由传送机构组成的固定或专用装配线；另一种是组合式结构，由装配机、工具和控制装置组合而成。柔性装配系统能在一条装配线上同时完成多个品种的安装工作。

3. 汽车虚拟装配系统

汽车虚拟装配系统（Automobile Virtual Assembly System）可利用计算机辅助技术建立汽车零部件主模型。汽车虚拟装配系统根据主要模型形状特性、精度特性、约束关系，进行计算机模拟装配—干涉分析—模拟装配等的多次反复，以达到预定评价标准的设计过程，并通过产品数据管理（Product Data Management，PDM）将计算机辅助设计（CAD）、计算机辅助工艺规划（CAPP）和计算机辅助制造（CAM）统一集成起来，是具有高适应性和高柔性的集成化装配系统。

汽车虚拟装配工艺主要包括三部分：①汽车总装产品数据管理，它直接来自工具层中 PDM，总装产品数据主要包括产品设计结构数据、产品装配数据；②装配单元划分，它是装配作业均衡的基础，是装配工序的直接来源，也是装配工具选用的依据，主要包括确定装配单元的任务，技术要求，装配工、夹具的选用，装配工序卡；③装配作业均衡，它解决装配线的平衡问题，达到平均分配作业量的目的，以提高汽车装配的生产效率，降低制造成本。

任务二 装配工艺装备发展趋势

任务描述

本任务需要了解装配工艺装备发展趋势。了解未来汽车装配工艺的发展和市场需求，知道哪些自动装配技术可能成为装配工艺的重点发展对象。

学习引导

整车装配线和零部件装配线向柔性装配线方向发展，以满足多品种生产和自动化装配要求；加注设备向真空式加注设备方向发展；试验检测设备向微机控制、数字化、高精度、自动化方向发展；专用装配设备向高精度、适应性强、自动化方向发展，一台专机应能适应 2~3 种产品的生产要求，以适应多品种生产的要求；以静扭扳手和定转矩电动扳手替代冲击式气动扳手是装配工具的发展趋势；一些产量大、零件数量少的零部件装配线趋于采用全自动装配线；将柔性装配线和其上的各种装配专机及检测设备有机地结合在一起，由同一厂家设计、制造、安装，即交钥匙工程，是以后装配设备制造的发展趋势，这样便于保证设备的制造质量，有利于提高装配工艺装备的整体制造水平。因此，未来汽车装配专用设备生产，应向以专业化工厂的生产组织形式发展。

根据有关方面预测，未来几年汽车工业对各种技术装备的需求总量价值约在 600 亿元左右。这期间汽车工业发展主要以企业为投资主体，产品以多品种、小批量的方式来适应市场需求的变化，但又要发挥汽车工业规模经济的优势。因此生产规模和工艺要随之变化，各种刚性和半刚性生产线将逐步减少，柔性生产线将占主导地位。这就对技术装备提出了更高的要求。

随着汽车市场竞争日趋激烈，如何提高劳动效率、降低成本一直是汽车制造厂家非常关心的问题。根据调查分析，目前我国汽车整车生产企业中，采用自动装配的零件只占 10%~15%，而且人工装配每小时仅有 43min 进行作业，装配费用占产品总成本的 20%~70%，远远高于发达国家。由于实现自动装配每小时平均可作业 57.5min，所以采用自动装配技术与柔性装配系统（FAS）、汽车虚拟装配系统（AVAS）能够满足当前市场需求的快速多变和不确定性要求，用最低的成本生产满足用户的汽车产品，从而在激烈的市场竞争中立于不败之地。

项目小结

1）汽车总装配工艺的现状。
2）汽车总装配工艺的发展趋势。

项目二　整车装配工艺装备概况

汽车工业对整个国家的工业发展起着重要的作用，与国民经济发展的总体水平有着密不可分的联系。汽车工业的快速发展带来了许多新的变革，汽车生产制造的技术水平也在不断提高。这为我国汽车工业的发展提供了机遇，同时也是挑战。本项目主要对整车装配工艺装备概况、整车装配过程中装配工艺制订原则与步骤、装配生产线、发动机装配工艺装备概况等进行详细的介绍。图 8-1 所示为一辆汽车从原料到加工，最后到装配成整车的过程示意图。

项目目标

1. 知道整车装配过程所用的主要设备有哪些以及总装配的特点
2. 掌握汽车装配生产线用到的主要设备及其装配流程
3. 掌握装配技术要求和注意事项
4. 认识装配工艺的原则和步骤
5. 了解装配生产线工艺流程

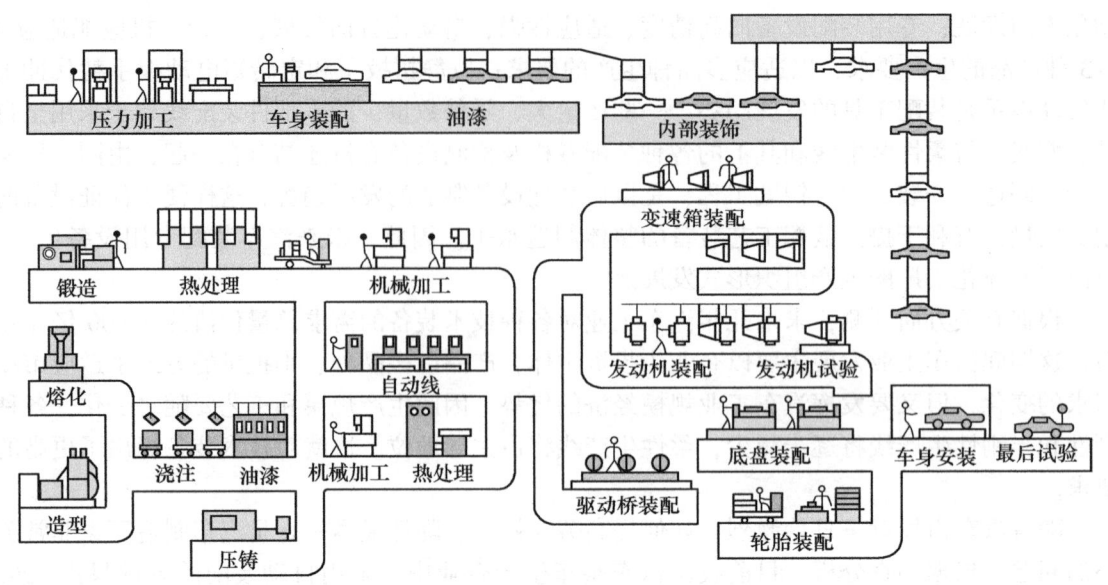

图 8-1　汽车生产整车装配示意图

课前思考

什么是装配？整车装配过程中主要使用的设备有哪些以及各种设备的主要作用是什么？整车装配的特点是什么？汽车装配生产线主要设备有哪些，其作用各是什么？装配过程中需要注意什么？

项目内容

任务一　整车装配工艺装备特点

任务描述

本任务要求掌握整车装配设备的主要作用和整车装配的特点。

学习引导

汽车是各种零部件的有机组合体，汽车生产的最后一道工序必定是装配（包括检测和调整），否则各种零部件无法组合在一起并发挥应有的功能。所谓装配就是将各种零部件、合件或总成按规定的技术条件和质量要求连接组合成完整产品的生产过程，也可称为"使各种零部件、合件或总成具有规定的相互位置关系的工艺过程"。

整车装配线一般是指由输送设备（空中悬挂和地面）和专用设备（如举升、翻转、压装、加热或冷却、检测、螺栓螺母的紧固设备等）构成的有机整体。

整车装配所用的设备主要包括：装配线所用输送设备、发动机、前桥、后桥等各大总成上线设备、各种油液加注设备、出厂检测设备以及各种专用装配设备。图 8-2 所示为某车间整车装配过程图。

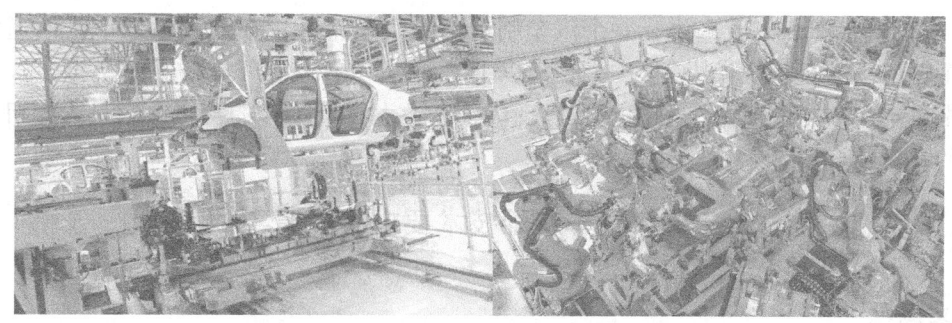

图 8-2 某车间整车装配过程图

1. 输送设备

输送设备主要用于总装配线、各总成分装线以及大总成上线的输送。完成汽车装配生产过程最重要的设备之一是汽车总装线。

2. 大总成上线设备

大总成上线设备是指发动机、前桥、后桥、驾驶室、车轮等总成在分装、组装后送至总装配线并在相应工位上线采用的输送、吊装设备。车轮上线一般采用普通悬挂输送机和积放式悬挂输送机。发动机、前桥、后桥、驾驶室等大总成上线,传统的方式是采用单轨电动葫芦或起重机。

随着汽车装配的机械化、自动化水平的提高,目前各大总成上线普遍采用自行葫芦输送机和积放式悬挂输送机,也有少数厂家采用了带有升降装置的电动磁轨小车(AGV)自动上线。

3. 加注设备

加注设备是指发动机、前桥、后桥、驾驶室、车轮等各种油液加注设备。随着轿车技术的引进,燃油、润滑油、清洁剂、冷却液、制动液、制冷剂等各种加注设备的水平也有了很大提高,由过去的手工加注发展到采用设备定量加注,直到如今的自动加注。尤其是在轿车装配中,普遍采用具有抽真空、自动检漏、自动定量加注等功能的加注机,保证加注的质量。

4. 出厂检测设备

整车出厂试验的水平有了较大的提高,由过去采用室外道路试验发展到现在采用室内检测线。出厂检测线一般由前束试验台、侧滑试验台、转向试验台、前照灯检测仪、制动试验台、车速表试验台、排气分析仪等设备组成。

5. 专用装配设备

现已广泛应用于整车装配的主要专用装配设备有:车架打号机、底盘翻转机、螺纹紧固设备、车轮装配专用设备、自动涂胶机、板簧衬套压装机、液压桥装机等。

由于汽车结构复杂、零部件及工件繁多,所以汽车总装配具有以下特点:

1)连接方式多样。汽车装配过程中的连接,一般情况下,焊接方式外的其他连接方式都有;但最多的连接是可拆式固定连接和可拆式活动连接,即螺纹连接、键连接和销连接。

2)配件的品种数量繁多,装配关系复杂,装配位置多样,由此决定了它仍然以手工为主。

3）大批量生产。一般来说，一个汽车制造厂的汽车年产量在几万辆以上，而通常认为建设一个轿车厂的经济规模为年产 15 万辆以上，所以汽车制造厂是技术密集型、资金密集型的大批量生产的企业。汽车总装配具有现代化企业大批量生产的特点，它是人与机、技术与管理的有机结合。

任务二　整车装配技术要求及注意事项

任务描述

本任务要求掌握装配技术的基本要求和整车装配过程中需要注意的事项。

学习引导

汽车是一种复杂的机械产品，主要由发动机、底盘、车身（含驾驶室和车厢）和汽车电器四部分构成。底盘部分由传动系统、行驶系统、转向系统、制动系统、操纵系统、燃料供给系统等组成。按组成汽车的大总成分，有发动机总成（带有变速器、离合器）、前轴及钢板弹簧总成、后桥总成、车架、轮胎、驾驶室、车厢等。一辆中重型货车总装配的零部件、总成大约有 500 多种、2000 多件，因此汽车总装配是一项相当复杂的工作。

汽车总装配就是使生产对象（零部件）在数量、外观上发生变化的工艺过程，一系列的量变必定引起一系列的质变。数量的变化表现在装配过程中，零部件、总成的数量在不断增加并相互有序地结合起来。外观的变化表现为零部件、总成之间有序结合后具有一定的相互位置关系，外形在不断地变化，最后成为一辆整车。所以，汽车总装配就是使汽车各零部件和总成具有一定的相互位置关系并形成整车的工艺过程。汽车总装配是汽车的最后一道工序。装配质量的高低，直接关系到整车质量。因此，在整车装配的过程中，必须达到下列技术要求。

1. 装配的完整性

必须按工艺规定将所有零部件、总成全部装上，不得有漏装、少装现象，不要忽视小零件，如螺钉、平垫圈、弹簧垫圈、开口销。

2. 装配的统一性

按照生产计划，对基本车型按工艺要求装配，不得误装、错装和漏装，装配方法必须按工艺要求。装配要统一：两间车间装的同种车型统一、同一车间装的同种车型统一、同一工位的同样车型统一，简称"三统一"。

3. 装配的紧固性

凡是螺栓、螺母、螺钉等工件必须达到规定的紧固力矩要求。应交叉紧固的必须交叉紧固，否则会造成螺母松动现象，带来安全隐患。螺纹连接严禁有松动现象，但同时不应过紧，过紧会造成螺纹变形、螺母卸不下来。

4. 装配的润滑性

按工艺要求，凡润滑部位必须加注定量的润滑油和润滑脂。对发动机来说，如果润滑油过少或漏加，发动机起动后会造成齿轮磨损、拉缸现象，直到整机损坏；如果加注过多，发动机起动后润滑油很容易窜到燃烧室，燃烧后产生积炭；因此加油量必须符合工艺要求。

5. 装配的密封性

1）冷却系统的密封性。各接头不得漏水。

2）燃油系统的密封性。各管路连接和燃油滤清器等件不得有漏漆、漏油现象。

3）各油封装配密封性。装油封时，将零件擦拭干净，涂好机油，轻轻装入，油封不到刃口，否则会产生漏油。

4）空气管路装配密封性。要求空气管路里连接处必须均匀涂上一层密封胶，锥管接头要涂在螺纹上，管路连接胶管要涂在管箍接触面上，管路不得变形或歪斜。

在汽车装配过程中，需要注意以下几点：

1）对于长圆孔连接件，一般要加平垫片，且平垫片放于长圆孔一侧。

2）对于超过4个孔的连接件，需进行对角紧固，最先紧固的螺母最后应复紧。

3）对于圆孔与长圆孔同时存在的件，应先紧圆孔端，后紧长圆孔端。

4）为保证整车美观性，管束与电线束应避免交叉。

5）管线束过梁或者与梁接触时，必须用护套和蛇形护套。

任务三　整车装配工艺的原则与步骤

任务描述

本任务要求掌握装配工艺的基本原则、步骤、方法及内容。

学习引导

装配工艺规程是指导装配生产的主要技术文件，制订装配工艺规程是生产技术准备的一项重要工作。

1. 装配工艺规程的主要内容

1）分析产品图样，划分装配单元，确定装配方法。

2）拟定装配顺序，划分装配工序。

3）计算装配时间定额。

4）确定各工序装配技术要求、质量检查方法和检查工具。

5）确定装配时零部件的输送方法及所需要的设备与工具。

6）选择和设计装配过程中所需的工具、夹具及专用设备。

2. 制订装配工艺规程的基本原则

（1）装配工艺规程制订原则

1）保证产品装配质量，力求提高质量，以延长产品的使用寿命。

2）合理安排装配顺序和工序，尽量减少钳工手工劳动量，缩短装配周期，提高装配效率。

3）尽量减少装配占地面积，提高单位面积的生产率。

4）尽量减少装配工作所占的成本。

（2）制订装配工艺规程所依据的原始资料

1）产品的装配图及验收技术的标准。这包括产品的总装图和部件装配图，应能清楚地表示出所有零件相互连接的结构视图及必要的剖视图；零件的编号；装配时应保证的尺寸；

配合件的配合性质及精度等级；装配的技术要求；零件及总成的明细表等。为了在装配时对某些零件进行补充机械加工和核算装配尺寸链，有时还需要某些零件图。产品的验收技术条件、检验内容和方法也是制订装配工艺规程的重要依据。

2) 产品的生产纲领。生产纲领决定了产品的生产类型。生产类型不同，则装配的生产组织形式、工艺方法、工艺过程的划分、工艺装备的多少、手工劳动的比例等均有很大不同。像汽车这样大批大量生产的产品，应尽量选择专用装配设备和工具，采用流水线装配方法。有的装配区段还要采用机器人，组成自动装配线。

3) 生产条件。当在现有条件下制订装配工艺规程时，应了解现有工厂的装配工艺装备、工人技术水平、装配车间面积等。如果是新建厂，则应适当选择先进的装备和工艺方法。

3. 制订装配工艺规程的步骤、方法和内容

(1) 研究分析产品装配图及验收技术条件

1) 了解产品及部件的具体结构、装配技术要求和检验验收的内容及方法。
2) 审核产品图样的完整性、正确性、分析审查产品的结构工艺性。
3) 研究设计人员确定的装配方法，进行必要的装配尺寸链分析与计算。

(2) 确定装配方法与装配组织形式　选择合理的装配方法是保证装配精度的关键。要结合具体生产条件，从机械加工和装配的全过程着眼，应用尺寸链理论，同设计人员一起最终确定装配方法。装配方法与装配组织形式的选择，主要取决于产品结构特点（如质量大小、尺寸及复杂程度）、生产纲领和现有生产条件。装配的组织形式主要分为固定式和移动式两种。对于固定式装配，其全部装配工作在一个固定的地点进行，产品在装配过程中不移动，多用于小批量生产或重型产品的成批生产。移动式装配是将零部件用输送带或移动小车按装配顺序从一个装配地点移动至下一个装配地点，各装配点完成一部分工作，全部装配点的工作总和就完成了产品的全部装配工作。根据零部件移动方式的不同，移动式装配可分为连续移动、间歇移动和变节奏移动装配三种方式。移动式装配常用于大量生产时组成流水作业线或自动线，如汽车、拖拉机、仪器仪表、家用电器等产品的装配。

(3) 划分装配单元和确定装配顺序　将产品划分为可进行独立装配的单元是制订装配工艺规程中的最重要的步骤，这对于大批大量生产结构复杂的产品时尤为重要。只有划分好装配单元，才能合理安排装配顺序和划分装配工序。

无论哪一级装配单元都要选定某一零件或比它低一级的单元作为装配基准件。通常应选体积或质量较大，有足够支承面能够保证装配时稳定性的零部件或组件作为装配基准件，如床身零件是床身组件的装配基准件；床身组件是床身部件的装配基准组件；床身部件是机床产品的装配基准部件。汽车总装配以车架部件作为装配主体和装配基准部件。

划分好装配单元并确定装配基准零件之后，即可安排装配顺序。确定装配顺序的要求是保证装配精度，使装配连接、调整、校正和检验工作能顺利地进行，前面工序不妨碍质量等。为了清晰地表示装配顺序，常用装配单元系统图来表示。它是表示产品零、部件间相互装配关系及装配流程的示意图。装配顺序一般是先难后易、先内后外、先下后上，预处理工序要安排在前。

(4) 装配工序的划分与设计　装配工序确定后，就可将工艺过程划分为若干个工序，并进行具体装配工序的设计。装配工序的划分主要是确定工序集中与工序分散的程度。工序的划分通常和工序设计一起进行。工序设计的主要内容有：

1）制订工序的操作规范。例如，过盈配合所需的压力、变温装配的温度值、紧固螺栓连接的预紧力矩以及装配环境等。

2）选择设备与工艺装备。若需要专用装备与工艺装备，则应提出设计任务书。

3）确定工时定额，并协调各工序内容。在大批大量生产时，要平衡工序的节拍，均衡生产，实施流水装配。

（5）编制装配工艺文件　单件小批生产时，通常只绘制装配系统图，装配时按产品装配图及装配系统图工作。成批生产时，通常制订部件、总装的装配工艺卡，写明工序次序，简要工序内容、设备名称、工装夹具名称及编号、工人技术等级和时间定额等项。

（6）制订产品检验与试验规范　内容包括：

1）检测和试验的项目及检验质量指标。

2）检测和试验的方法、条件与环境要求。

3）检测和试验所需工艺装备的选择与设计。

4）质量问题的分析方法和处理措施。

任务四　装配生产线工艺流程

任务描述

本任务要求了解装配生产线的工艺流程。

学习引导

汽车装配生产线，一般是指由输送设备（空中悬挂输送设备和地面输送设备）和专用设备（如举升、翻转、加注设备，助力机械手，检测、螺栓螺母的紧固设备等）构成的有机整体。图 8-3 所示为某企业装配生产线示意图。

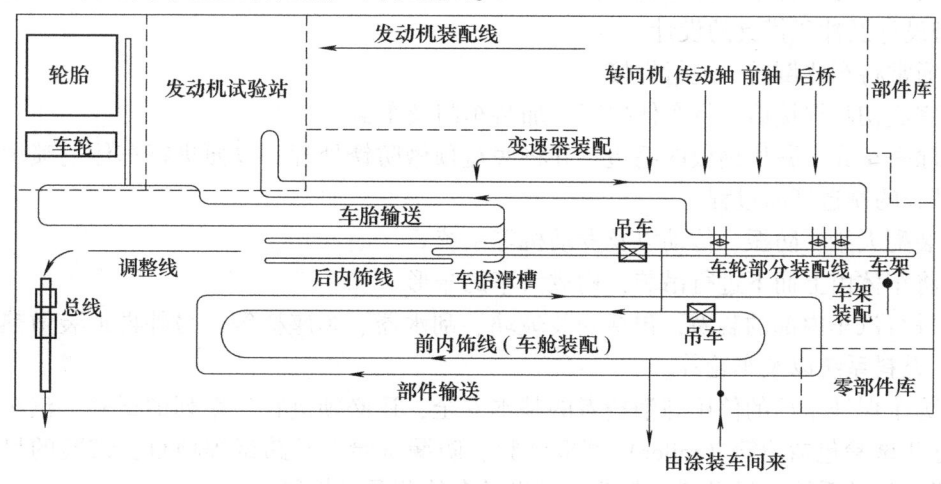

图 8-3　某企业装配生产线示意图

1. 输送设备

输送设备有刚性和柔性两类。刚性输送设备主要有板式输送带、普通悬挂输送机等。这类设备国内完全能够制造生产，并且质量可靠。柔性输送设备分为三种：第一种是整车柔性输送设备、积放式悬挂输送机和自行葫芦输送机，这种设备目前国内能够制造并且质量可靠；第二种是发动机、变速器、前桥、后桥等大总成柔性输送设备（中型非同步输送线），这类设备国内能够设计制造，但质量不过关，设备使用寿命短；第三种是空气滤清器、减振器、微电动机等零部件柔性输送设备（轻型非同步输送线），这种设备国内能够设计制造，并且质量可靠。

2. 加注设备

在轿车装配中，防冻液、制动液、助力转向液、制冷剂等的加注，普遍采用具有抽真空、自动检漏、自动定量加注等功能的加注机，其他如燃油、洗涤液、机油等的加注采用普通定量加注机。

3. 螺栓紧固设备

关键部件的螺栓一般采用电动拧紧机，可以有效地控制拧紧力矩，监控拧紧过程。

4. 专用设备

专用设备包括大量使用的助力机械手和机器人，既降低工人的劳动强度，又保证了装配质量。专用设备的应用范围包括拆装车门、前后悬架安装、天窗安装、仪表板安装、座椅安装、轮胎安装、风窗玻璃自动涂胶等。

5. 检测设备

按照国家规范，出厂检测线一般由侧滑试验台、转向试验台、前照灯检测仪、制动试验台、车速表试验台、尾气分析仪、底盘检查等设备组成。对于独立悬架的车辆，还应配置车轮定位仪。完成出厂试验后，车辆进入淋雨试验，进行汽车密封性能检测。通常在检测线边设置返修区，对于某个项目检验不合格的车辆进行返修并返回检测线复测，直至合格为止。

6. 汽车装配工艺流程

汽车装配生产线工艺流程如下：

1）利用压力机将钢板冲压成车辆的外壳，这是汽车制造中非常重要的步骤，它涉及汽车的线型设计及冲压模具的设计。

2）通常将车体倒转，进行焊接。

3）完成初步焊接后，将车体扶正，加装车门及车盖。

4）除去车壳上各块钢板的毛边，并将底盘预做防锈处理，以便进行车体的喷漆，这些是车体部分的制造概略过程。

5）装配大梁、防振、传动以及发动机等系统。

6）将车体由上而下进行吊装，构成汽车的雏形。

7）进行汽车内部的装潢，包括安装玻璃、刮水器、车座椅等，另外再加装散热器、液压系统、燃料系统以及车轮等。

8）为了保证车厂的信用与消费者的基本安全，还必须进行一系列的试验，汽车才可以出厂。这些试验包括滚筒（roller）模拟试验、防漏试验以及路试等项目，试验的目的是测试发动机、传动系统、操纵杆、制动、灯光及车体测漏等性能。

项目小结

1）整车装配过程所用的主要设备以及总装配的特点。

2) 整车装配的技术要求及注意事项。
3) 整车装配的流程与步骤。
4) 装配生产线的工艺流程。

复习思考题

1. 试说出总装车间常用的装配工具。
2. 简要叙述装配工艺规程的主要内容。
3. 编制总装配工艺卡时需要考虑哪些内容？

模块九　汽车内饰装配

项目一　内饰装配工艺流程制订

汽车内饰系统是汽车车身的重要组成部分，而且内饰系统的设计工作量占车造型设计工作量的60%以上，远超过汽车外形，是车身最重要的部分之一。每个整车厂通常都有一个庞大的汽车内饰团队来完成与内饰相关的大量工程工作。汽车内饰具体是指汽车内部改装所用到的汽车产品，涉及汽车内部的方方面面，如汽车转向盘套、汽车坐垫、汽车脚垫、汽车香水、汽车挂件、内部摆件、收纳箱等，内饰装配主要包括仪表板系统、副仪表板系统、门内护板系统、顶棚系统、座椅系统、立柱护板系统、其余驾驶室内装件系统、驾驶室空气循环系统、行李箱内装件系统、发动机舱内装件系统等系统的装配。

项目目标

1. 知道什么是内饰装配，以及内饰装配包括哪些方面
2. 掌握内饰装配操作法的几种典型操作过程
3. 了解重型货车内饰和底盘装配线工艺流程

课前思考

什么是内饰装配？内饰装配包括哪些方面？内饰装配有哪些典型操作过程？

任务描述

本任务对几种典型内饰装配操作法的操作过程进行了解和比较，要求掌握内饰装配的工艺流程制订过程，能够独立完成内饰装配工艺过程的制订。

学习引导

1. 内饰装配操作法

（1）螺钉紧固法　螺钉、螺母连接是部件装配的基本方式，可使用图9-1所示的各种套筒扳手进行紧固。此外，为了使紧固转矩保持稳定，多使用螺母拧紧器。如果在许多部位上同时安装螺母，可以使用装有多点螺母拧紧器的工具。对于那些因安全和性能需要必须保证一定紧固力矩的部位，应采用扭力扳手将螺母拧紧，以保证装配的可靠性。

（2）粘接法　车内装饰（图9-2）大部分使用乙烯基类人造革和填料制成，这些材料可用粘结剂贴牢。粘结乙烯基人造革时，因加工后的形状受加热温度的影响，应该使用红外线灯或单元加热器升温。

近年来，开始采用将风窗玻璃直接粘到车身上的方法。此法是将由两三种高分子材料按固定比例混合成的粘结剂，呈串珠状涂敷在玻璃上，然后把玻璃紧压在车身上。经过一定时

间,即可把玻璃粘牢。粘结处可保持橡胶一样的弹性。这种粘结方法所用的设备有压送材料的空气泵、计量材料比率的测量计、混合材料用的混合机和涂敷材料用的喷枪。

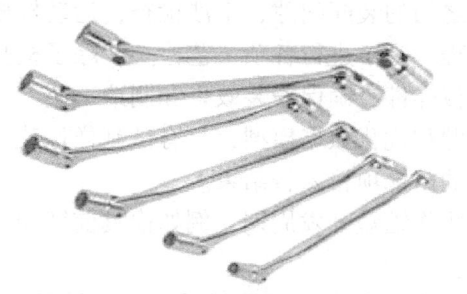

图 9-1　套筒扳手

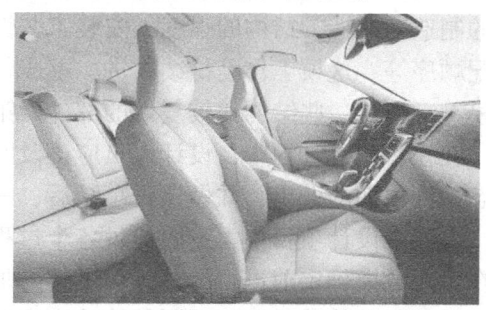

图 9-2　车内装饰

(3) 液体注入法　液体注入法主要针对在装配过程中需要向装配部件注入各种液体的情况,如注入发动机油、变速器油、汽油、散热器冷却液、制动液等。在注入装配各类液体时需注意,定量注入发动机油与变速器油时,主要采用油脂类定量供给装置。同时,在汽油注入时易起火,应使用气控启闭注入的加油枪。冬季,散热器中应注入防冻液,采用定比混合供给装置,按固定比率供应水和防冻液。注入制动液时使用真空泵,以加速排气过程。

2. 内饰工艺流程制订

随着我国汽车工业的发展,汽车制造商们越来越重视汽车车型的开发,其中汽车内饰的开发是仅次于车身的一项重要的开发内容。它除了是反映汽车内部空间的功能之外,还要让乘客感到舒适和视觉的美观,以及操纵的方便等要求。

汽车内饰包括仪表板、车门内饰、车顶内饰、柱内饰、侧围内饰等内部覆盖件,广义的还包括转向盘、汽车座椅、地板垫等内部功能件。汽车内饰通过多种材料和多种生产工艺而达到不同的效果,一般内饰的材料多用塑料 ABS 和改性 PP 等,还有其他的如皮革、植绒布、泡沫、玻璃钢等多种复合材料。汽车内饰生产工艺多样化,除了一般的注塑以外,还有如吸塑、吹塑、挤出、PU 发泡、热压、蒙皮、喷涂、电镀、焊接等几乎所有的塑料加工工艺,还有如仪表板先进的搪塑工艺等。

一个整车的内饰设计项目,首要的是设计效果图。效果图除了要美观,风格要和车身相衬外,还必须满足各种功能要求,选配的附件尽量采用现有的或尽量不要改变尺寸,各种功能件的位置要符合整车布置和人机工程的要求。一般要设计 3~5 个效果图提供选择,从中间选择一个或综合几个效果图重新制作一个。

接下来根据平面效果图制作油泥模型和数据模型。数据模型是运用逆向技术在油泥模型的基础上建立的,有时也可以直接在三维设计软件中构建数据模型,以减少设计成本。在制作模型过程中必须进行人机工程校核,满足各项法规要求和其他功能的要求,满足各个选配附件的大小和位置要求,除此之外,还要进行结构分块,考虑各部件制造工艺和材料。满足这些条件后,还得考察模型的表面光顺性,一般外表面都必须达到 A 级曲面。完成数据模型后,可以渲染多个角度的效果图与平面效果图对比,并进行修改,达到最佳的视觉效果。

以上只是一个没有结构的外表面模型,接下来的任务是各个部件的结构设计。为了更直观地检验安装效果,通常需要在完成简易安装结构后制作手板样件。手板样件制作和试安装除了检验安装效果和误差外,还能优化结构设计和检验部件的制造工艺。

结构设计是一个比较繁杂的工作,需要的周期也是最长的。一般需要注意的问题有:部件的制造工艺性,结构的强度,安装工艺性,部件之间的装配间隙、干涉检查,运动校核和装配顺序等。这项工作是持续改进、逐步优化的过程。为了进行各项工艺检查,除了检验数据模型,也对一些结构比较复杂的部件做第二次手板样件,确保安装效果和制造工艺。

在模具制造过程中,设计人员应该及时发现问题和优化数据模型,只有试制样件装车且状态达到预期的效果,并做项目总结后,一个成功的内饰项目才告结束。

在整个设计项目中,一般通过各个过程的同步协作缩短开发周期,例如模具前期加工可以在最终数模确定前进行,并保留足够的加工余量。

采用多种检验手段,不同的检验内容分类检查,发现问题,优化设计。用设计前考虑,设计后检查的方式来保证数模工艺质量。

采用不同设计软件的优势,在不同的设计阶段提高设计效率和数模质量,并制订设计数模标准和等级。

项目小结

1)内饰装配操作法有:螺钉紧固法、粘接法、液体注入法。
2)整车的内饰设计项目,首要的是设计效果图,接下来是制作油泥模型和数据模型。
3)结构设计是一个比较繁杂的工作,需要的周期也是最长的。

项目二 轿车内饰装配

项目目标

1. 了解内饰装配线工艺流程
2. 掌握内饰装配的基本操作

课前思考

内饰装配有什么特点?内饰装配工艺流程是怎样的?

任务描述

本任务为了解学习轿车内饰装配的工艺过程,以国产轿车内饰装配事例,阐述汽车内饰装配技术。

学习引导

在整车装配的过程中,将在喷漆车间中完成喷漆的车壳吊装到总装车间的内饰工段进行内饰的装配。内饰的一般装配过程如下:

1)如图 9-3 所示,将车壳吊装到总装车间的内饰工段。
2)如图 9-4 所示,安装门内密封条等内饰件。
3)如图 9-5 所示,安装内门锁扣等以及 B、C 柱的内装饰。

图 9-3　车壳吊装

图 9-4　安装门内密封条

4）如图 9-6 所示，安装发动机舱隔声防火墙。

图 9-5　安装内门锁扣等以及 B、C 柱的内装饰

图 9-6　安装发动机舱隔声防火墙

5）如图 9-7 所示，安装整车控制电路，在底板上预埋线束，安装仪表台总成等部件。

6）如图 9-8 所示，安装全车底板隔声、门板和安全带。

图 9-7　安装整车控制电路

图 9-8　安装全车底板隔声、门板和安全带

7）如图9-9所示,将内饰流水线上安装好的车身吊装到底盘工段,然后进行组合,并准备进行下一道的工序。

8）如图9-10所示,把车辆的底盘和车身结合牢固。

图9-9　底盘工段组合

图9-10　底盘和车身结合

9）如图9-11所示,安装仪表台电控设备,如驻车制动器CD机等。

10）如图9-12所示,安装后排座椅。

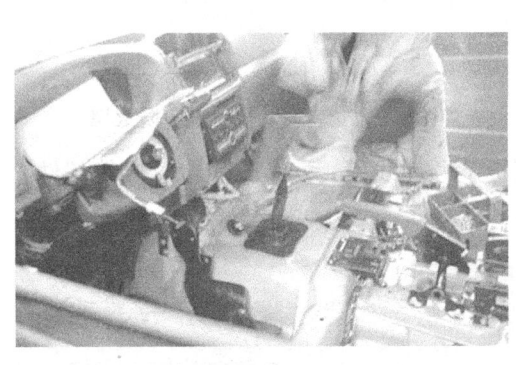

图9-11　安装仪表台电控设备

图9-12　安装后排座椅

11）如图9-13所示,安装转向盘和其他内饰件。

12）如图9-14所示,安装前门内芯板。

13）如图9-15所示,安装前排扶手箱。

14）如图9-16所示,安装前排座椅。到这一步,汽车内饰基本安装完成。

模块九　汽车内饰装配

图 9-13　安装转向盘和其他内饰件

图 9-14　安装前门内芯板

图 9-15　安装前排扶手箱

图 9-16　安装前排座椅

项目小结

1）内饰装配的主要设备及方法。
2）内饰装配的主要工艺过程。
3）内饰装配的具体操作方法及一般过程。

复习思考题

1. 内饰装配的基本操作方法有哪些？
2. 简要说出风动扭力扳手的特点。

模块十 整车装配

项目一 发动机装配

项目目标
1. 了解发动机装配工艺过程和装备类型及应用
2. 熟悉发动机装配遵循的原则

课前思考
发动机装配工艺装备的主要类型有哪些？

项目内容

任务描述
本任务要求了解发动机装配工艺的主要类型和应用，熟悉发动机装配遵循的原则。

学习引导
发动机装配工艺装备主要分为五个类型：总成和分总成装配线、移载翻转设备、自动拧紧设备、专用装配设备和检测设备。图10-1所示为发动机的装配。

1. 发动机装配线的形式

国内各发动机制造企业所采用的发动机装配线形式较多，大致可归纳为：自由滚道＋双链桥架小车式、自由滚道＋单链牵引地面轨道小车式、自由滚道＋带随行支架地面板式、自由滚道＋单链牵引地面轨道小车式＋带随行支架地面板式、悬挂链式等。这几种装配线的主线皆为强制流水（连续或间歇），装配对象与主线的运行是一致的（同步），故称为同步装配线或刚性装配线。

图 10-1 发动机的装配

2. 专用装配设备和检测设备

在轿车发动机装配中普遍采用定转矩的多头螺栓（母）扭紧机（也称装配机）。拧紧方法采用控制转矩的转角法，这种方法是目前世界上最先进的螺纹连接方法。此外，装配时还采用气门自动装配机、装配机械手、自动涂胶机等设备。在关键的装配工序后都设有专门的检查工位,采用自动化检测设备控制装配质量。

3. 发动机出厂试验设备

发动机出厂试验是发动机产品的最后检验。在大量生产中,为了提高生产率及试验数据的准确性,发动机出厂试验台架系统向全自动化台架系统发展。

4. 发动机装配遵循的工艺原则

1)装配时必须保持零部件、总成、工具及装配场地清洁。

2)待装的总成和零部件,必须经过检查或试装确认合格。

3)各部位不可互换的零部件,如气缸体与飞轮壳、连杆与连杆盖、气门与气门座等,一定要按装配记号装回原位,不准装错。

4)主要的、有规定要求的螺纹联结件,必须按规定力矩和顺序分若干次拧紧。

5)螺纹连接件的所有配套件,如开口销、弹簧垫圈等,一定要按规定装配齐全,不能丢失或漏装。

6)关键部件组合件间的配合间隙,如活塞与气缸、曲轴轴颈与轴承以及轴类零件的轴向间隙、正时齿轮的啮合间隙、配气机构的配气相位、气门间隙等,都必须符合修理技术标准。

7)装配过程中,应使用规定的工具,并采用正确的方法。图10-2所示为某发动机的装配结构图,图10-3所示为某国外发动机生产线。

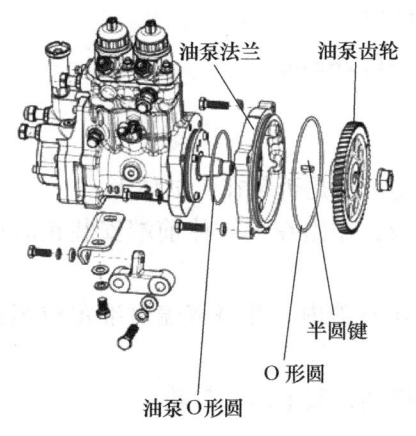

图10-2 某发动机的装配结构图

图10-3 某国外发动机生产线

5. 气缸体的装配

检查气缸体的清洁度和装配质量,有无漏装错装现象,各油道是否清洁,油道内的隔塞、螺塞是否安装和蘸胶旋紧;不能互换的配套件,标记是否清楚无误,是否修配检查完毕,摆放整齐。

6. 曲轴飞轮组的安装

1)在第七主轴承座与盖的凹槽内安装盘根密封条,用木棒将露出槽外的部分碾入槽内,使其压实于槽底,并且均匀地高出0.4mm。

2)将选配好并擦拭洁净的主轴承按标记对号入座,安装在轴承座和轴承盖里。

3)用白布将曲轴的主轴颈连杆轴颈逐一擦拭干净,然后抬起曲轴飞轮组件,对准轴承座并以第四道主轴颈两侧的突肩定位,平稳地放在轴承座内。

4)将轴承盖按标记对号入座,扣合在各轴承座上,并按规定力矩和顺序拧紧。

5)检验:复查曲轴的轴向间隙。

7. 活塞连杆的安装

1)将气缸体侧置,用纱布擦拭干净气缸筒。

2)将没有装活塞环的活塞连杆组从气缸的上部对号入座装进气缸中,并把连杆大头的轴承、连杆盖按规定拧紧力矩紧固在曲轴连杆轴颈上。

3)当确认活塞在上、中、下各位置准确无误后,将活塞环分别套装在活塞上。

4)装入气缸前,把各道活塞环开口方向按规定摆放正确,在活塞外表面、活塞销孔和环槽内涂上机油。

8. 凸轮轴或挺杆体的装配

1)将装配有活塞、连杆、曲轴和飞轮的气缸体仰置在工作台上。

2)将曲轴前端装正时齿轮的轴颈擦拭干净,安装半圆键并涂上机油,将曲轴正时齿轮安装在曲轴上。装配时应注意正时标记朝前。

3)检查润滑正时齿轮的喷油器是否畅通,方向是否正确,应旋紧扭正方向。

4)用白纱布将凸轮轴各轴颈和轴承孔擦拭干净,检查并清除毛刺,之后涂上机油。

5)将凸轮轴组合件穿入凸轮轴轴承中。在正时齿轮进入啮合时,注意对准正时记号再推入。推入后,检查正时记号是否对正。

6)从凸轮轴正时齿轮辐板孔中安装止动突缘的紧固螺钉。

7)用塞尺或百分表检查凸轮轴轴向间隙,应为 0.08 ~ 0.28mm。

8)用塞尺检查正时齿轮的啮合间隙。

9. 正时齿轮室的安装

1)将气缸体前端面擦拭干净,检查正时齿轮室盖的定位销是否装在气缸体上。

2)将正时齿轮室盖的密封垫涂上润滑脂或 401 密封胶,贴附在气缸体前端安装正时齿轮室盖的位置上。

3)将曲轴前端油封外圈涂以硝基胶液后压入正时齿轮室盖内,并将室盖对准定位销孔装配在气缸体上。

4)将曲轴带轮的平键轻轻敲入曲轴的键槽中,涂上机油,装上曲轴带轮。

5)安装锁紧垫圈和起动爪,拧紧起动爪。

10. 机油泵和油底壳的安装

由于结构的限制,气缸体下端面留给机油泵的安装位置不大,安装支撑片较小、支撑定位刚度和能力较弱。安装机油泵时,应注意传动齿轮与凸轮轴上的驱动齿轮的啮合要准确,传动轴和油泵要保持良好的同心度。另外,凸轮轴上的油泵齿轮除驱动机油泵外,多数型号的发动机要用它驱动分电器。安装时,注意分电器轴与凸轮轴和机油泵的联系。

11. 配气机构和气缸盖的安装

1)将气缸盖定位销敲入气缸体的定位销孔中,将气缸垫放在气缸体上平面上,衬垫光滑的一面朝向气缸体。把气缸盖组合件、气缸盖螺栓装到气缸体上,按规定力矩从中间向两端分次均匀地拧紧缸盖螺母。

2)插入气门推杆,将摇臂支座、摇臂轴、定位弹簧和摇臂等装在气缸盖上。注意对准润滑油孔道。转动摇臂轴，对准中间支座中部的定位孔，旋入螺钉，固定摇臂轴。

3）调整气门间隙。

4）调整火花塞电极间隙并安装火花塞。

5）盖上挺杆室盖和气门室盖。

12. 进、排气歧管的安装

彻底清理进、排气歧管内部，检查其结合面的平面度，确认符合规定后装上衬垫，使其光滑面朝向进、排气歧管，确认无误后装上进、排气歧管。安装固定螺栓，由中间向两端逐次均匀地拧紧，一般拧紧力矩为 29~39N·m，或按厂家技术规定执行。

13. 冷却系统的安装

1）安装气缸盖出水管、节温器和冷却液温度传感器。

2）安装水泵，将衬垫涂上润滑脂，贴在气缸盖前面的水泵安装结合面上，将水泵装上，拧紧固定螺钉。

3）安装带轮轮毂和带轮，并拧紧开口螺母，安装开口销。

14. 燃料供给系统的安装

1）垫好燃油泵衬垫，安装燃油泵，拧紧固定螺钉，连接输出油管。

2）安装供油器或燃油喷射装置，连接各控制拉杆和输油管。

3）安装空气滤清器。

15. 润滑系统其他装置的安装

1）安装加机油管和标尺。

2）安装机油粗滤器、机油细滤器、机油传感器，连接传感器和管道，并加注机油。

16. 其他辅助装置的安装

1）安装空气压缩机和传动带。

2）安装风扇。

3）安装曲轴箱通风道。

4）安装曲轴扭转减振器。

项目小结

1）发动机装配工艺过程和装备类型及应用。

2）发动机各部件装配的一般过程。

项目二 轿车底盘装配

项目目标

1. 了解底盘装配工艺过程和装备类型及应用
2. 熟悉底盘装配遵循的原则

课前思考

轿车底盘装配顺序是怎样的？

项目内容

任务描述

本任务是将底盘的各个构件（包括传动系统、转向系统、行驶系统、制动系统等）安装到底盘总成的一个过程。

学习引导

底盘的作用是支撑、安装汽车发动机及其各部件总成，形成汽车的整体造型，并接受发动机的动力，使汽车产生运动，保证正常行驶。某型轿车底盘总成的装配过程如下：

1）如图10-4所示，在车架的大梁上安装转向系统部件。
2）如图10-5所示，在车架上安装悬架连杆等部件。

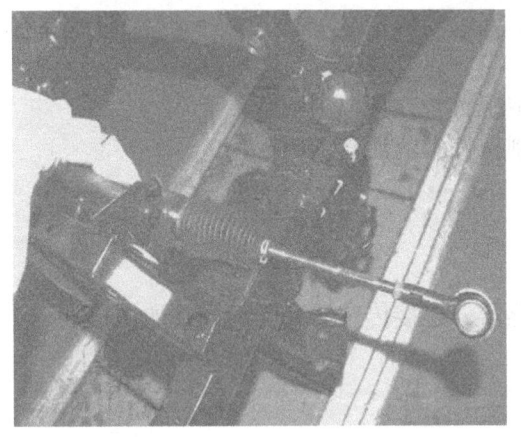

图10-4 安装转向系统部件

图10-5 安装悬架连杆

3）如图10-6所示，在车架上安装后备胎支架。
4）如图10-7所示，安装后驱动桥壳体。

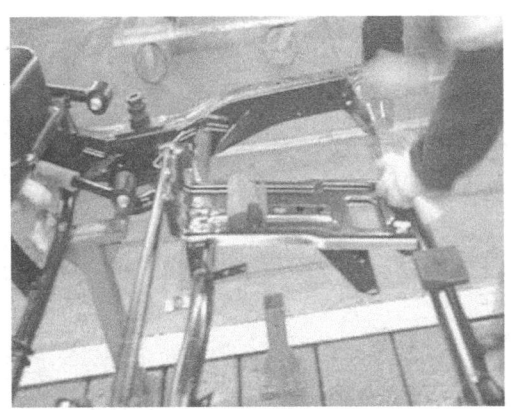

图10-6 安装后备胎支架

图10-7 安装后驱动桥壳体

5）如图 10-8 所示，后桥安装好后，在其上安装螺旋弹簧。

6）如图 10-9 所示，安装前双叉臂悬架。

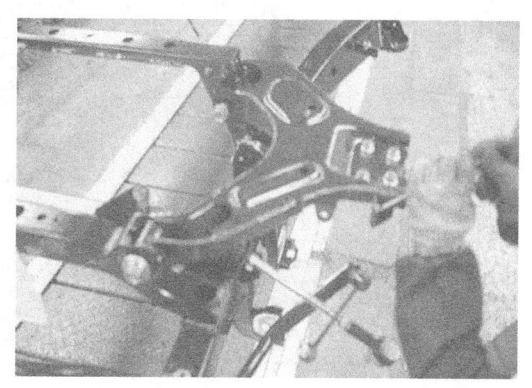

图 10-8　安装螺旋弹簧　　　　　　　　　图 10-9　安装前双叉臂悬架

7）如图 10-10 所示，安装燃油箱。此时的底盘是反置的，需要将其翻转，才能进行下一步的工作。

8）如图 10-11 所示，给底盘安装临时起吊钩，用吊索固定底盘，起吊然后翻转，正面放置好后进行下一步工作。

图 10-10　安装燃油箱　　　　　　　　　图 10-11　安装临时起吊钩

9）如图 10-12 所示，安装底盘上通过的各种气液管路。

10）如图 10-13 所示，安装前制动器和制动盘。

图 10-12　安装气液管路　　　　　　　图 10-13　安装前制动器和制动盘

11）如图 10-14 所示，安装后减振器和制动盘。

12）如图 10-15 所示，将发动机和变速器总成安装到底盘上。

图 10-14　安装后减振器和制动盘　　　　图 10-15　安装发动机和变速器总成

13）如图 10-16 所示，安装前传动轴、后传动轴、排气管及车轮总成。

14）如图 10-17 所示，安装好轮胎之后，将底盘总成降到地面。这样底盘总成就安装结束，可以进行附件安装了。

图10-16 安装前传动轴、后传动轴、排气管及车轮总成

图10-17 底盘总成安装结束

项目小结

1）底盘装配工艺过程和装备类型及应用。
2）底盘装配的一般过程。

项目三 货 车 装 配

项目目标

1. 了解货车装配工艺过程和装备类型及应用
2. 熟悉货车装配遵循的原则

课前思考

货车装配顺序是怎样的？货车装配有什么特点？

项目内容

任务描述

本任务要求知道货车装配工艺流程，了解货车装配工艺制订的方法及掌握货车装配的主要组成部分和装配特点。

学习引导

图10-18所示为货车装配的工艺流程图。

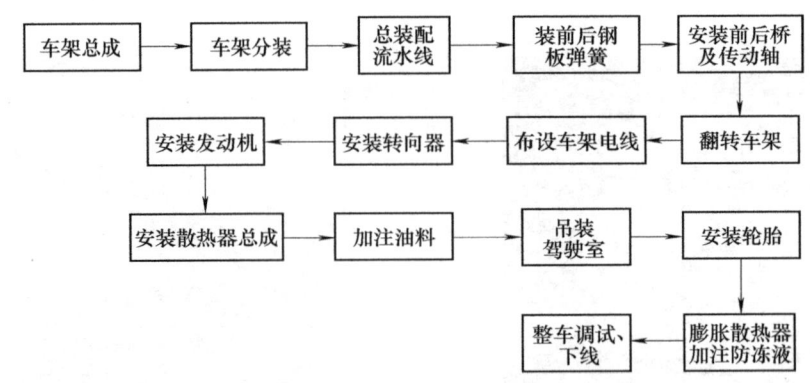

图 10-18　货车装配的工艺流程图

1. 装配前的准备工作

装配前的准备工作主要有：

1) 熟悉产品装配图、工艺文件和技术要求，了解产品的结构、零件的作用以及相互连接关系。

2) 确定装配方法、顺序和准备需要的工具。

3) 对装配的零件进行清洗，去掉零件上的毛刺、铁屑、切屑、油污。

4) 对某些零件还需要进行刮削等修配工作，有些特殊要求的零件还要进行平衡试验、密封性试验等。

2. 装配工艺的制订

在编制装配工艺时，为了便于分析和研究，首先要把产品分解，划分为若干装配单元，绘制产品装配系统图，再划分出装配工序和工步，制订装配工艺。表示产品装配单元的划分及其装配顺序的图称为产品装配系统图。通常将整台机器或部件的装配工作分成装配工序和装配工步顺序进行。由一个工人或一组工人在不更换设备或地点的情况下完成的装配工作，称为装配工序。用同一工具，不改变工作方法，并在固定的位置上连续完成的装配工作，称为装配工步。部件装配和总装配都是由若干个装配工序组成的，一个装配工序中可包括一个或几个装配工步。

重型货车典型的装配线应用：多采用单链前小车＋双平板链的组合形式；国外一些先进的汽车厂也有采用 AGV 小车作为总装线的，其优势是与普通装配线一样，可按照工艺节拍（工艺速度）生产，局部故障或工艺产生故障的停顿不影响整体的持续生产；瓶颈工序如发动机变速器合装工位、驾驶室与底盘合装工位 AGV 可岔出主流，实现局部装配道岔，满足主线的生产节拍需要，同时可以设置离线维修岔道。采用这种组装线的劣势是造价较高。

3. 货车装配的工艺流程及工艺规定

1) 吊放车架到装配线上。吊放车架前要检查车架的完整性、表面光洁性；确认无划漆、无雨雪、无锈蚀、无碰伤后，才可把车架吊上线。将车架反放在装配链的枕木上，这样有利于前桥、后桥、传动轴等零部件的装配。

2) 以车架为基准装配前、后桥。装配时，把前桥、后桥连接销涂上机油使其油槽向下穿入孔中，对准销上的凹槽与支架上的孔，将楔形锁销由前向后穿入孔中，装上弹簧垫圈、转矩螺母。

3) 安装贮气筒到支架上。检查贮气筒涂装质量，不得有漏漆、划漆，凸焊螺母应焊缝平整，贮气筒不得有明显缺陷。

① 对"四大"系列车型，将贮气筒放在支架上，套上贮气筒箍带，从下向上带上螺母和垫圈并拧紧。

② 对长头系列车，将环箍套在贮气筒上，从车架纵梁里面将环箍和贮气筒一起装在支架上，从外向里穿入螺栓并拧紧。

4) 连接传动轴到后桥减速器上。检查传动轴涂装有无划伤，将传动轴凸缘上的孔与后桥减速器凸缘上的孔对准，从传动轴方向穿入螺栓、套上弹簧垫圈、拧紧螺母。

5) 翻转底盘。首先把后桥垫木夹在后桥上，将翻转底盘夹具夹在车架前、后端，锁住保险销，操纵设备翻转底盘、翻转后取下夹具及垫木。

6) 装配转向机及垂臂。检查转向机的完整性、转向臂轴螺纹不得有损伤；把转向机放在分装夹具上夹好，取下转向臂，按标记套在转向臂轴上并压到底，然后套上垫圈和弹簧垫圈（分装工位）并取下转向机托架，使其孔位与转向机的孔位对准，然后穿上螺栓套上弹簧垫圈并拧紧；把分装好的转向机总成合件用吊具吊起，使托架孔位和大梁的孔位对准，从里向外或从下向上穿螺栓，套上弹簧垫圈并拧紧。

7) 安装发动机到支架上。发动机风扇不得变形，发电机、起动机及各种传感器、警报开关不得变形、碰伤；接线柱螺钉应完整；发动机、变速器油堵处不得有漏油痕迹，表面无明显碰伤。吊起发动机使后悬置软垫的孔位与后支架的孔位对准，从上向下穿螺栓并套上垫圈和弹簧垫圈，再拧紧螺母2~3扣；操纵电葫芦使发动机前悬置软垫的孔位与前悬置托架的孔位对准，从上向下穿螺栓并套上垫圈和弹簧垫圈，再拧紧螺母2~3扣；拧紧后支承、前支承的螺栓螺母。

8) 安装排气管。取排气制动阀，在两端套上垫圈，再使其夹在消声器进气管前段与进气管后段之间，并使螺栓孔对齐，穿入螺栓，套上垫圈、弹簧垫圈并拧上螺母。

9) 加注发动机机油。取下发动机加油口端盖，向发动机内加注机油，加完后装上油盖，拔出油尺检查加油量，油面应介于下线（2/4）和上线（4/4）之间。

10) 装散热器总成。散热器片不得有磕碰处，进出气管应平整；在左、右纵梁的规定位置放上散热器固定架下垫块总成对准孔（垫块的中间孔大的一侧向上），把散热器总成落下，使散热器固定架的孔与上垫块总成的孔对准，然后在孔中放入套管再套上上垫块总成，将螺栓从下向上穿入对准的孔中，拧上螺母2~3扣并拧紧，然后穿上开口销并分开尾部。

11) 落驾驶室总成。自检驾驶室外观完整性，油漆应无划伤。操纵电葫芦，落下驾驶室，使驾驶室后支架落入后悬置横梁上的内、外缓冲块之间，前铰接软垫落入驾驶室铰接支架的凸缘面中，取驾驶室铰接软垫盖总成分别盖在左、右铰接软垫上，使其上的孔与铰接支架上相应的孔对准，将螺栓套上弹簧垫圈后从上向下穿入已对准的孔中2~3扣并拧紧。

12) 安装车轮。自检车轮气压正常，将车轮套在轮毂上，带上螺母2~3扣，用气动扳手对称交叉地扣紧，同时后内、外轮充气嘴要错开，也要与制动毂检查孔错开，避免影响充气和测量蹄片间隙。

13) 加注冷却液。打开膨胀箱盖、关闭放水开关，向膨胀箱里加注冷却液或水，待冷却液或水液面与溢流管水平为止，拧紧散热器盖。

14) 加注汽、柴油。打开燃油箱盖，按油量定额和油号往燃油箱内加入汽油或柴油，然后拧上燃油箱盖。

项目小结

1）货车总装配工艺过程和装备类型及应用。
2）货车总装配遵循的原则。
3）货车总装配的一般过程。

复习思考题

1. 简述汽车装配的技术要求。
2. 简述汽车总装配的特点。
3. 常用的发动机装配线非同步输送的方式主要有哪几种？

学习领域四　汽车性能检测

汽车性能测试通过汽车试验完成，汽车试验按照试验特征可以分为室内台架试验、汽车试验场试验和室外道路试验。室内台架试验的重要特征是可以不受环境的影响，且可 24h 不停地进行试验，特别适合汽车性能的对比试验和可靠性、耐久性试验。室内台架试验的突出特点是试验效率高。室内台架试验不仅适用于汽车的总成部件，也适用于汽车整车。汽车试验场试验越来越受到汽车界的重视，汽车试验场上可以设置各种不同的路面，如扭曲路面、比利时砌石路面、高速环道、汽车性能试验专用跑道等。在汽车试验场上可在不受道路交通影响的情况下完成汽车各项性能试验，尤其是汽车的可靠性、耐久性试验及环境适应性试验。而且由于在汽车试验场上可以进行高强化水平的试验，因此可以大大缩短试验周期。

汽车产品最终都要交到用户手中，并且很有可能到不同气候、不同交通状况地区、不同道路条件的各种路面上去行驶，所以，汽车的各项性能要全面满足实际使用要求，需要到实际的道路上进行考核。任何一种新开发出来的汽车产品都必须要经历室内的台架试验、汽车试验场试验及室外道路试验这一复杂的试验过程。

模块十一 整车外观检查

项目一 汽车外观检测步骤

整车外观检测

项目目标

1. 理解汽车外观检查的重要性
2. 掌握汽车外观检查的项目
3. 掌握汽车外观检查的一般原则

课前思考

汽车上有哪些零部件需要进行外观检查?外观检查有什么依据?外观检查对汽车质量会产生什么影响?

项目内容

任务描述

本任务要求对外观检查的重要性、工具、设备和原则有基本的了解,理解外观检查工作的基本内容和步骤。

学习引导

外观检查包括汽车外表检查、汽车内饰检查和汽车水密封检查三部分。首先,检查员会逐一对每辆经过淋雨试验的车辆进行检查,确认车门、尾箱等开启处是否有漏水现象,内饰件是否有水迹。之后,在特别明亮的区域对车辆进行外观质量检查,查看车身外观是否存在变形、划伤、掉漆,检查内饰件装配是否牢固、可靠,是否存在漏装、错装、装配不良等现象。对带有蓝牙装备的车辆还要进行接收功能检测。水密封检查和车身外观质量检查既可以放在同一工位检查,也可以放在不同的工位检查。有些汽车厂商的外观检查还包括间隙面差检查内容,即检查整车车身外观几何尺寸是否存在间隙(零部件之间的缝隙大小)或面差(同一水平面两个零件的高出、低进位置之差)缺陷。

1. 汽车外观检查的重要性

1)汽车外观检查作为保障安全运行、保护环境、节约能源的重要手段,是满足客户要求的客观需要,并且是政府的强制措施。

2)汽车是一个复杂的机械,汽车的很多性能(如动力性、燃油经济性、操纵稳定性等)已可通过检测设备和仪器进行检测,但对外观的缺陷,如车身变形、划伤、掉漆,个别零部件错装、漏装等没有必要全部用仪器自动检测。通过检验员眼看、手摸、耳听及实际操作运行,能很快直观地查出故障隐患,与台试检验相互补充,是一种经济实惠的检测方法。

2. 汽车外观检查的设施、设备和工具

汽车外观检测的基本设施有外观检查停车工位、检验地沟、标准试车道及淋雨装置等。

常用工具有锤子、塞尺、手电筒、轮胎气压表、钢卷尺等。

外观检查的项目可分为两类,一类检测项目可以用直观检查方法检查;另一类对检查有量的规定的项目则需用仪器设备检查。

3. 汽车外观检查步骤

各公司对外观检查的内容及要求有所不同,通常,外观检查分为汽车外表检查、汽车内饰检查和汽车水密封检查三部分。

(1) 汽车外表检查 一般按照从前到后,先左后右,先上后下,先外后内的顺序对汽车外表进行全面检查。具体检查项目为:整车内外、车身油漆涂层、车体、车门玻璃升降器和车门等。

(2) 汽车内饰检查 内饰板及地毯、仪表板、各种电子开关、风窗洗涤器、刮水器、遮阳板、车身外装饰、安全带、车辆的标牌、车辆识别代号、发动机号及主要总成的编号等。

(3) 汽车水密封检查 水密封检查方法及评价标准在第十五模块讲解。

项目小结

1) 各公司对汽车外观检查的内容及要求有所不同。通常,外观检查分为汽车外表检查、汽车内饰检查和汽车水密封检查三部分。

2) 汽车外观检查的基本设施有外观检查停车工位、检验地沟、标准试车道及淋雨装置等。

3) 外观检查的项目可分为两类,一类检查项目可以用直观检查方法检查;另一类对检查有量的规定的项目则需用仪器设备检查。

项目二 汽车外观检验技术要求

项目目标

1. 理解车身表面区域的划分规律
2. 掌握涂装产品检验标准
3. 掌握汽车内饰件检验标准

课前思考

是否所有汽车公司的外观检查要求都一致?涂装产品合格的判断标准是什么?汽车内饰件产品合格的判断标准是什么?

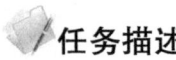项目内容

任务描述

本任务要求对汽车外观检查的标准有一定的了解，理解涂装产品和汽车内饰件产品合格的判断标准，能够搜集到汽车零部件外观检查项目的国家标准。

学习引导

汽车外观检查是汽车检验的重要组成部分，它涉及整车和总成的各个部分，其检视点分布在车辆上、下、左、右、前、后、内、外各部位，因此严格外观检查质量一直是汽车出厂前的重要工作内容之一。

1. 某公司整车外观要求

1) 整车内外应清洁、整齐，不得有油污、脏物及各种装配附件，车内不得留有异物，零部件装配完整、正确、可靠、无错装及漏装。

2) 车身油漆涂层应符合公司的有关规定，颜色应均匀、光泽明亮，无裂纹、分层、气泡、橘皮、堆积、磕碰、流痕、麻点及剐蹭等现象。

3) 车体应周正。车体和保险杠外缘左右对称部位高度差应不大于 25mm。装配后车身外部和内部都不应有任何可能使人致伤的尖锐凸出物。

4) 各车门锁及拉手、按钮功能正常，开关自如并安装牢固可靠，无松动、卡滞现象。

5) 车门开闭应轻便灵活、无卡滞、工作可靠，不得有自行开启现象。车门和车窗应密封良好无漏水现象。

6) 车门玻璃升降器应保证车门玻璃升降自如、到位。

7) 内、外后视镜应安装正确，调整到合适位置，不得在行驶中松动。

8) 车身外装饰应粘贴平整，不得有翘角和不贴附现象。

9) 车辆的标牌、车辆识别代号、发动机号及主要总成的编号等标志应齐全，其尺寸、安装位置、安装要求及标志内容应符合 GB 7258—2012 的规定。

10) 内饰板及地毯应固定牢固，无划伤、翘起等变形现象；座椅靠背、坐垫应无脏污、皱折、破损等缺陷。座椅调整方便，无卡滞现象；固定后不得自行滑动，保证锁止可靠。

11) 仪表板安装牢固，表面无破损及任何刮伤、擦痕，皮纹及颜色应符合设计要求。

12) 汽车仪表应灵敏、可靠，读数清晰，观察方便，各开关及功能工作正常、可靠。

13) 风窗洗涤器的喷嘴方向应正对风窗玻璃，洗涤器储液桶应安装牢固、可靠，不得渗漏。风窗洗涤器工作时，应有洗涤液经喷嘴喷到风窗玻璃中部以上。

14) 风窗玻璃刮水器应能正常工作。刮水器关闭时，刮片应能自动返回到初始位置。

15) 遮阳板应能在车辆正常行驶中可靠地停留在任何需要的位置上，不允许有自动改变位置的现象。

16) 车门关闭应嵌入二档，且关闭后车门外表面应平整、棱线应对齐。车门周边间隙应均匀一致，各种密封条应完好无损、粘接牢固，不得有起皱和脱落现象。

17) 装置安全带时，安全带应可靠有效，安装位置应合理，固定点应有足够的强度。

18）安全玻璃、制动软管、灯具、安全带、轮胎、座椅、燃油箱、喇叭、内饰材料、门锁、后视镜等重要安全件应带有安全认证标志和认证号。

19）在车辆的主要操作部位应粘贴操作说明或警告指示牌。

2. 某公司车身涂层外观质量检验标准

（1）车身表面涂层区域划分　外表面涂层区域划分为 A 区和 B 区；内表面涂层区域划分为 C 区和 D 区。

A 区：车厢外表面所有可见区域，开门可见的车身门槛、立柱、门框及门边等。

B 区：车身外侧表面门把手棱线以下至车身底部，顶盖除 S 区以外的其他区域。

C 区：车厢内表面所有可见区域，开门可见的车身门槛、立柱、门框及门边等。

D 区：四轮罩下表面、驾驶室内前壁板、发动机舱及舱盖内表面、加油口盖、门铰链装配处等。

（2）涂装产品合格标准　涂装产品合格标准见表 11-1。

表 11-1　涂装产品合格标准

项目	A 区	B 区	C 区	D 区
表面状态	漆膜光滑、平整、洁净、无多余物			
光泽	20°：80% 以上；60°：90% 以上		目视有光泽	
色差	与标准色板无差异（目视）		与外表面颜色一致	与外表面颜色基本一致
流淌流坠	不允许存在流淌、流坠	允许下边缘存在两处轻微流挂（长度≤3mm、宽度≤7mm）	允许边角、端部存在长度 ≤4mm、宽度 ≤8mm 流挂	不很明显
气泡凹陷	不允许存在能识别出的气泡、凹陷	不允许有直径≥1.0mm 的缺陷 允许：最多 3 个直径 0.8～1.0mm 的缺陷；直径≤0.8mm 的缺陷；缺陷间距均应在 30cm 以上	不允许有直径≥1.5mm 的缺陷 允许直径≤1.5mm 的缺陷；缺陷间距均应在 30cm 以上	不允许有直径≥2.0mm 的缺陷 允许：直径≤2.0mm 的缺陷；缺陷间距均应在 30cm 以上
发青	50cm 目视不允许存在能识别出的发青		允许局部有轻微发青	遮盖，不露底
发花	50cm 目视无明显发花		允许轻微发花	遮盖较好
砂纸纹	无明显的砂纸纹		允许有轻微砂纸纹	
划伤	不允许存在能识别出的划伤		允许局部有轻微划伤	不很明显
颗粒	不允许存在直径≥0.8mm 的颗粒 同一面最多 2 个直径 0.5～0.8mm 的颗粒；同一部位最多 4 个直径 0.3～0.5mm 的颗粒；允许有直径≤0.3mm 的颗粒，但颗粒间距在 30cm 以上	不允许存在直径≥1.0mm 的颗粒 同一面最多 2 个直径 0.8～1.0mm 的颗粒；同一部位最多 4 个直径 0.5～0.8mm 的颗粒；允许有直径≤0.5mm 的颗粒，但颗粒间距在 30cm 以上	不允许存在直径≥1.0mm 的颗粒 至多 5 个直径 0.8～1.0mm 的颗粒；允许直径≤0.6mm 的颗粒，但颗粒间距在 20cm 以上	无密集大颗粒；无异物（如多余胶、纸胶带等）及其造成的缺陷

(续)

项目	A区	B区	C区	D区
橘皮	50cm目视无明显橘皮		允许存在轻微橘皮	
毛刺	不允许存在能识别的毛刺		允许存在轻微毛刺	
针孔	无明显针孔		允许存在轻微针孔	
抛光痕迹	不允许存在能识别出的抛光痕迹		允许存在轻微抛光痕迹	
修补不良	目视不允许存在易识别的色差、修补边界及其他瑕疵；修补漆膜达到实干		目视允许存在轻微色差、修补边界；修补漆膜应达到表干	

3. 汽车内饰件外观检验标准

（1）A、B、C面的说明　A面为产品装车后，驾驶人或者乘客在座位上直接可以看见的部位；B面为驾驶人或者乘客在座位上不能直接看见，但经过位置的适当调整后可见部位（如驾驶人或者乘客扭转身体，开启装置，翻转等）；C面为装车后不可见的部位。

（2）内饰件外观检验标准　内饰件外观检验标准见表11-2。

表11-2　内饰件外观检验标准

缺陷	定义	A面	B面	C面
点/凹坑	贴膜或嵌膜的表面被注塑模具、吸塑模具内的杂质破坏	点直径在0.5mm以内，需要间隔50mm以上，最多存在允许3处	点直径在0.8mm以内，需要间隔50mm以上，最多存在允许3处	可接受
杂物/异色	空气中的杂质飘落在贴膜或嵌膜的表面	颗粒直径在0.2mm以内，需要间隔50mm以上，最多存在允许3处	颗粒直径在0.4mm以内，需要间隔50mm以上，最多存在允许3处	可接受
串状或成堆的点	在50mm距离内有两个或更多的点（任一点的直径在0.3mm以内）	两个串状或成堆的点是允许的	仅需通过转动产品才能看到的区域，多个串状或成堆的点可以接受	可接受
橘皮/起皱	由于吸塑过程引起波纹	最大直径为30mm的橘皮是可接受的	最大直径为50mm的橘皮是可以接受的	可接受
露料	产品在注塑过程中由于压力或流转过程中碰伤而引起基材外露	不允许	仅需要通过转动产品才能看到的区域，可以接受	可接受
熔接痕/流痕	注塑中由不同进料口汇聚到一起或料在某温度降低造成流动不良而引起	目视无明显状态，不影响零件强度可以接受	目视无明显状态，不影响零件强度可以接受	不影响零件强度可以接受

（续）

缺陷	定义	A面	B面	C面
缺料	注塑过程中引起的注塑未到位	不允许	仅需通过转动产品才能看到的区域，且对装配无影响的缺料可以接受	对装配无影响的缺料可以接受
膜片划伤	由于清洁膜片表面磨损而引起的，这种划伤不能破坏膜片的颜色	不允许长度大于10mm的划痕；划痕长度允许在3～10mm，宽度应小于0.15mm；宽度小于0.15mm的划痕不必关注。每两处之间的间隔要求在100mm或以上	仅需要通过转动产品才能看到的区域可以接受	可接受
纤维/毛发	贴膜或嵌膜的表面被注塑模具、吸塑模具内的杂质破坏。纤维具有长而且窄的外观	最大长度为2mm并且任意两个之间的距离大于50mm，最多允许存在3处	仅需通过转动产品才能看到的区域，长度不大于5mm，最多允许存在3处	可接受

项目小结

1) 车身外表面涂层区域划分为A区和B区；内表面涂层区域划分为C区和D区。

2) 汽车内饰件分为A、B、C面。A面与驾驶人或乘客在座位上可以直接看见的内饰件；B面为驾驶人或者乘客在座位上不能直接看见的内饰件，但经过位置调整后可见；C面为装车后不可见的内饰件。

复习思考题

1. 为什么要进行汽车外观检查？
2. 简述汽车外观检查的内容。
3. 汽车外观检查的设施和工具有哪些？
4. 车身表面涂层区域是如何划分的？
5. 内饰件A、B、C面是如何区分的？

模块十二 发动机检测

项目一 发动机调整及电喷控制系统检测

项目目标

1. 理解发动机调整的内容
2. 掌握电喷控制系统的检测过程
3. 掌握解码器的使用及使用技巧

课前思考

汽车上有哪些零部件需要调整？如何判断汽车电喷系统是否存在故障？如何使用解码器及使用解码器有哪些技巧？

项目内容

任务描述

本任务要求了解发动机的检查，并掌握电喷控制系统的检测步骤和解码器的使用方法。

学习引导

20世纪90年代以来，汽车上由电子控制单元控制的部件数量越来越多，例如ABS、ASR等。

1. 发动机检查及调整

1）发动机支撑橡胶块不允许存在扭曲变形，螺栓应按技术文件规定的力矩拧紧。
2）进气管路的接口部位应紧固牢靠，不得有松脱、漏气现象。
3）发动机前部运动件不得发生动态干涉。
4）发动机应具有良好的起动性能。在低温气候条件下，预热装置应正常工作，并且在连续起动三次中应至少两次起动成功，并保持每次起动时间不大于15s。起动后应能平稳运转，无异响。发动机在怠速运转下，应能稳定连续运转5min，要求发动机转速波动值应不大于±50r/min，对于电控发动机转速波动值不应大于±10r/min，发动机机油压力应达到规定值。发动机能平稳加速到最高空转转速。发动机能够保持额定最低怠速运转。
5）踩下加速踏板时，无沉重感和卡滞现象。
6）正常行驶时，发动机冷却液温度、机油压力应保持正常。

2. 发动机电喷控制系统检测

（1）测试设备 解码器主要用于检测发动机各种传感器、ECU、执行器的工作状态，读取和清除故障码，修改ECU数据，判断汽车电子控制系统是否有故障。解码器如图12-1所示。

（2）测试方法

1）检验员将车辆停驻在电子控制系统检测工位上，用解码器配套数据线与车上电脑数据输出检测插头相连，从而使电子控制单元（ECU）与解码器进行数据交流。

2）点火开关置于ON位置或起动发动机，从而读取静态数据和动态数据，解码器可显示发动机ECU自诊断到的数据，例如：故障码个数、蓄电池电压、进气歧管绝对压力、进气温度、节气门位置、步进电机步数、冷却液温度、氧传感器、喷油量、碳罐控制阀开闭、空调蒸发器出口温度、车速、爆燃传感器断路或对地短路、闭环修正、怠速自学习值超限、点火提前角等内容。根据这些数据可以判断发动机是否有故障，若有故障可以大致判断故障原因及部位。

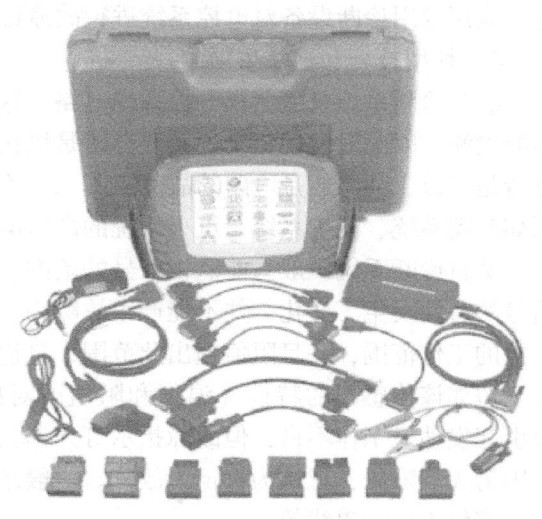

图12-1 解码器

3）发动机工况测试见表12-1，但根据生产厂家及车型的不同，检测项目及标准会有所不同。

表12-1 发动机工况测试

检测项目	联合电子M1	日本电装	联合电子M7	德尔福MT20	玛瑞利
机型	JL465Q5/Q7	JL474Q	JL474Q2	JL465Q4	JL465Q5
怠速转速	800~900 r/min	(750±50) r/min	(750±50) r/min	(875±50) r/min	(850±50) r/min
开空调转速	900~1000 r/min	850~950 r/min	850~950 r/min	925~1025 r/min	900~1000 r/min
冷却液温度	80~95℃	80~95℃	80~95℃	80~95℃	80~95℃
点火提前输出角	0°~12°	6.4°~17.6°	0°~12°	3°~10°	1°~11°
节气门开度	5~10	0~10	0~10	5~10	5~10
喷油脉宽	2~7 ms	2~7 ms	2~7 ms	2~7 ms	2~7 ms
进气温度	0~70℃	0~70℃	0~70℃	0~70℃	0~70℃
系统电压	12~14.8 V	12~14.8 V	12~14.8 V	12~14.8 V	12~14.8 V
氧传感器	10~950 mV	10~950 mV	10~950 mV	10~950 mV	10~950 mV
喷油修正	0.9~1.05	0.9~1.05	0.9~1.05	0.9~1.05	0.9~1.05
有无故障	无	无	无	无	无

备注：在下线检测时，接上诊断线就能够自动显示上列参数，无须人为操作。

在检测ABS、TRC等电子底盘电子控制系统时，基本程序相同，只是进入的是相应系统的计算机，读取相应的数据。电控发动机整车下线时，需根据整车状态及对应的ECU数据编码对 ECU 进行数据刷写，并在发动机起动后对故障指示灯进行检测，清除原始故障码（发动机正常起动后故障指示灯不能亮）。电控发动机正常起动后，如果发动机故障指示灯亮，应用专用诊断设备对电控系统进行故障诊断，并进行故障排除。

4) 使用技巧和注意事项。

①自诊断系统只能监视电控系统电路。这包含两点：其一，如果故障不在电路，检测仪不能检测。因此对发动机来说，要分清是机械故障还是电路故障，尤其对于自动变速器，要分清是机械、油路还是电路的故障。其二，不属于电控系统的电路故障，检测仪不能检测，例如起动系统、充电系统、点火系统的高压电路，一般不属于电控系统，因而不能检测。

②自诊断系统一般只能监视信号的范围，不能监视传感器特性的变化，所以，如果只是信号的特性发生了变化，并不能产生故障码。例如，发动机冷却液温度传感器的阻值有一个正常的工作范围，一旦阻值超出此范围，自诊断系统马上会产生故障码。

假如该传感器的特性（温度和阻值的对应关系）发生变化，但阻值依然在此范围内，会引起发动机工作不良，但故障指示灯并不会亮，这时，仪器当然读不出故障。维修人员不应因为无故障码，就认为肯定无故障。一般来说，自诊断系统所诊断的故障为电路短路、开路、接触不良、串线等。

③自诊断系统监视的往往是某一电路，而非某一元件，如某传感器相应电路故障、某电磁阀相应电路故障。如果检测仪显示的是"进气温度传感器故障"，实际上是指该传感器相应电路故障，包括进气温度传感器、进气温度传感器与微电控单元 ECU 间的连线（含插头和插座）、进气温度传感器的搭铁以及微电控单元 ECU 及其供电、搭铁情况。一些维修人员若对故障码所揭示的故障范围不是很清楚，只按所提示的故障码的字面含义来检修，必然会走弯路。

④要善于运用仪器的动态测试（KOER）功能。有些情况故障码不一定能反映出来，但有经验的维修人员可以通过动态数据流来发现。

例如，动态测试中有的可以用曲线反映节气门的开度情况，缓缓匀速地踩下节气门时，应该有近似直线的图形显示，否则与节气门相关的方面可能有问题；动态测试中往往有点火提前角的显示，点火提前角应随着节气门的开度或发动机转速的变化增大或减少。

⑤有故障码并不一定有相应电路故障。这可以有下面几种情况：历史性故障，指故障已经消失，但尚未清除掉的故障码。例如，维修人员虽然排除了故障，但并未进行消码，这样故障码就依然在汽车 ECU 的随机存储器（RAM）中。或在发动机运行或点火开关打开的情况下，维修人员拔插相关电路的器件和插头，自诊断系统便记下了这时的故障码。有时碰到故障码显示几个缸的喷油器都有故障，可能就是这种情况。遇到这种情况时，一般不急于按故障码来检修，而是消码、运行、再测试，第二次读出的码才真正说明有无故障。第一次消码前别忘了记下故障码，有些故障码的产生情况难以再现，因此第二次读出的故障码或许会漏掉一些故障迹象。

故障码反映了系统存在故障，但实际上并非相应电路的故障。例如，故障码显示"氧传感器故障"，可能并非氧传感器的电路有故障，而可能是油气供给系统有故障，混合气太浓（稀），导致氧传感器信号超出了正常的电压范围，使自诊断系统记下了故障码；又如进气压力传感器可能反映的是进气气路的故障，而非其电路的故障。从这点上看，根据故障码检查，也不可局限于电路，必要时还要考虑机械、气路等部分。

⑥如果故障灯亮,却读不出故障码,则可检查故障灯电路有无搭铁。自诊断系统发现故障时,通常是 ECU 内部搭铁有问题。当然,也不排除诊断座与 ECU 之间的通信或仪器存在故障。

项目小结

1)发动机检查及调整内容主要包括:发动机支撑橡胶块不允许存在扭曲变形,螺栓按技术文件规定的力矩拧紧;进气管路的接口部位应紧固牢靠,不得有松脱、漏气现象;发动机前部运动件不得发生动态干涉;发动机应具有良好的起动性能;踩下加速踏板时,无沉重感和卡滞现象;正常行驶时,发动机冷却液温度、机油压力应保持正常。

2)自诊断系统使用技巧和注意事项。

①自诊断系统只能监视电控系统电路。

②自诊断系统一般只能监视信号的范围,不能监视传感器特性的变化。

③自诊断系统监视的往往是某一电路,而非某一元件,如某传感器相应电路故障、某电磁阀相应电路故障。

④要善于运用仪器的动态测试(KOER)功能。有些情况故障码不一定能反映出来,但有经验的维修人员可以通过动态数据流发现。

⑤有故障码并不一定有相应电路故障。

⑥如果故障灯亮,却读不出故障码,则可检查故障灯电路有无搭铁。

项目二　汽车排放检测

汽车排放污染

项目目标

1. 理解汽油车排放污染物产生的原因
2. 掌握汽油车尾气排放污染物的评价指标
3. 掌握柴油车尾气排放污染物的评价指标

课前思考

汽车排放污染物是如何产生的?汽车排放污染物有哪些危害

项目内容

任务一　汽车排放污染物的形成及危害

任务描述

本任务要求掌握汽车排放污染物的成分,了解汽车排放污染物对人类的危害。

学习引导

随着我国汽车保有量的持续增加,车辆向大气排放的污染物也越来越多,这些有害气体严重威胁着生态环境和人类健康。汽车发动机所排出的污染物成分和浓度与发动机的技术状况密切相关,所以通过对发动机的排放污染物进行检测,可评价发动机的技术状况,特别是燃油供给系统和点火系统的技术状况。

1. 汽车排放污染物的种类

汽车所排放的污染物主要有：CO（一氧化碳）、HC（碳氢化合物）、NO_x（氮氧化物）、微粒（由碳烟、铅氧化物等重金属氧化物和烟灰等组成）和硫化物等。

(1) CO 一氧化碳是燃料不完全燃烧的产物,当发动机混合气过浓或燃烧质量不佳时,易生成CO并从发动机排气管排出。特别是发动机怠速时,混合气供给偏浓,发动机工作循环中的气体压力和温度不高,燃烧速度减慢,因不完全燃烧所生成的CO浓度增大;发动机在加速过程中供给较浓混合气,或因点火过分推迟补燃增多时,均会使CO的排放量增加。

(2) HC 废气中的HC是发动机未燃尽的燃油分解所产生的气体。汽车排放污染物中,HC的20%~25%来自曲轴箱窜气;20%来自燃油箱中燃油的蒸发;其余则由发动机排气管排出。发动机冷起动或怠速工况下混合气较浓,且燃烧温度过低时,发动机排出的废气中的HC含量增加。

(3) NO_x 碳氢化合物是空气中的N_2与O_2在高温高压条件下反应生成的。汽车发动机所排出废气中的NO_x主要由NO（一氧化氮）和NO_2（二氧化氮）组成。汽油机排放出的氮氧化物中,NO占99%,而柴油机排出的氮氧化物中NO_2的比例稍大。发动机的负荷和压缩比越高,发动机的燃烧温度越高,燃烧终了气缸内的压力越高,生成NO_x的条件就越充分。

(4) 微粒 汽油机排出的浮游微粒主要有：铅化物、硫酸盐、低分子物质。当汽油机使用含铅汽油时,燃烧废气中将会有铅化合物以微粒状态从排气管排出;柴油机排出的微粒是汽油机的30~60倍,主要为含碳物质(碳烟)和高分子量有机物(润滑油的氧化和裂解产物)。

碳烟是柴油发动机燃烧不完全的产物,主要由直径为$0.1~1.0\mu m$的多孔性碳粒构成。当汽车起动、加速、上坡时,由于混合气过浓,碳烟排放量增加;或者柴油喷雾质量不高、雾化不良时,也会增大炭烟的排放量。

(5) 硫化物 发动机排出的硫化物主要为SO_2（二氧化硫）,由所用燃油中含有的硫与空气中的氧反应而生成,污染物的排放途径为汽车发动机排气管、曲轴箱和燃油供给系统,排放出的污染物分别称为排气污染物、曲轴箱污染物和燃油蒸发污染物。

2. 汽车排放污染物的危害

汽车排放污染物对环境的影响主要有两个方面,一是环境污染的重要因素,二是参与形成光化学烟雾,并进一步恶化空气质量。污染物种类不同,对人的健康危害也不同。

(1) 一氧化碳（CO） CO与血液中的血红蛋白结合,形成碳氧血红蛋白CO—Hb,从而使这部分血红蛋白失去输送氧气的能力,造成血液输氧能力下降,导致人体缺氧。

(2) 碳氢化合物（HC） 可以使人的骨髓功能减弱,血小板减少,刺激眼、鼻、呼吸道,危害植物,也是形成光化学烟雾的因素。

(3) 氮氧化物（NO_x） 它由96%~98%的一氧化氮（NO）和2%~4%的二氧化氮（NO_2）构成,其中NO_2危害眼睛、呼吸道和肺。NO_x使纤维、塑料、橡胶、电子材料提前老化,并参与形成光化学烟雾。

(4) 光化学烟雾 它由臭氧、多种过氧化物和多种游离基组成,强烈刺激眼睛、呼吸道,诱发癌症,危害作物、腐蚀金属、橡胶,降低空气能见度,并诱发癌症。

(5) 固体颗粒物 它由碳粒、铅氧化物和多种高分子氧化物构成,其中铅可以损害心、肺、造血系统，降低智力；碳烟中的有害物质会致癌，降低空气能见度，附着固体表面，影响美观，腐蚀金属。

（6）二氧化硫（SO_2） 形成酸雨，危害环境和作物。

任务二　汽油车排气污染物的检测

任务描述
本任务要求了解排放污染物检测技术，掌握汽油车排放污染物检测标准，了解汽车排放污染物检测方法，能够对检测结果进行判定。

学习引导
自 1994 年 5 月，我国开始实施汽车排放限值法规，在制定排放法规方面借鉴了欧洲经济委员会汽车排放体系标准（ECE），相继出台了一系列国家标准，在排放限值指标上逐渐向国际标准靠近。

1. 汽油车排气污染物检测技术

目前用于汽车排气污染物分析测试的方法主要有 3 种：不分光红外法（NDIR，测量 CO 和 CO_2），氢火焰离子化法（FID，测量 HC），化学发光法（CLD，测量 NO_x）。

2. 汽油车排气污染物检测方法

目前，我国在用汽车排气污染物检测方法有怠速法及双怠速法、稳态工况法、瞬态工况法和简易瞬态工况法。GB 18285—2005 规定了点燃式发动机汽车怠速和高怠速工况下排气污染物排放限值及测量方法，也规定了点燃式发动机轻型汽车稳态工况法、瞬态工况法和简易瞬态工况法三种简易工况测量方法。本标准适用于装用点燃式发动机的新生产和在用汽车。

3. 测量结果判定

1）国家标准规定，对于使用闭环控制系统和三元催化转化技术的汽车，进行过量空气系数 λ 的测定，并且要求发动机在高怠速时过量空气系数 λ 应为（1.00±0.03）或制造厂规定的范围内，否则认为排放不合格。

2）对于两用燃料汽车，要求对两种燃料分别进行排放检测。

3）如果检测污染物有一项超过规定的限值，则认为排放不合格。

任务三　柴油车排气污染物的检测

任务描述
本任务要求掌握柴油车排放污染物检测标准，能够对检测结果进行判定，了解汽车排放的控制措施。

学习引导

1. 柴油车排气烟度的检测

柴油车的排烟主要有黑烟、蓝烟和白烟，其排烟的多少以烟度来表征。常用的烟度计有滤纸式烟度计和不透光烟度计。

2. 汽车排放的控制措施

我国汽油机已经普遍采用了电喷燃油喷射发动机，柴油机也普遍采用高压共轨技术，加上多种措施的综合应用，使得汽车排放污染物得到了有效的控制。目前国内、外对废气排放的控制主要有以下几种措施：

（1）采用废气再循环系统　这种系统根据发动机的工况将尾气中的一部分（3%~15%）引入进气管道，由于尾气中的氮氧化合物、二氧化碳、水等成分的比热容比新鲜空气大，从而降低发动机做功时的燃烧温度，降低氮氧化合物的生成。

（2）使用低硫份柴油　硫主要存在于柴油中，燃烧后产生污染空气的二氧化硫。为了降低二氧化硫的产生，环保法规对汽柴油产品的低硫化要求越来越苛刻。提高反应温度、降低原料油馏分切割点、采用更高活性催化剂等技术的应用都有利于提高脱硫深度。

（3）改进发动机结构及采用进气增压技术　精确控制喷油器端压力、喷油提前角、提高喷射压力等技术可以使油气混合更均匀，燃烧更充分，采用陶瓷材料制成燃烧室、活塞顶可以减少摩擦阻力、降低机油消耗量，也可减少排放。采用增压技术增加进气压力，可以不需要浓混合气达到所需转矩，从而避免达到临近空燃比，降低污染物的产生。

三元催化技术是机外净化最有效的方法，二次空气喷射系统、先进的陶瓷载体及颗粒过滤器等技术的应用都有利于排放污染物的减少。虽然我国在汽车排放控制上有所进步，但是火车、轮船、工程机械等大型污染源的控制上还存在很多问题，汽车排放污染物的控制任务艰巨。

项目小结

1）汽车所排放的污染物主要有：CO（一氧化碳）、HC（碳氢化合物）、NO_x（氮氧化物）、微粒（由碳烟、铅氧化物等重金属氧化物和烟灰等组成）和硫化物等。

2）目前用于汽车排气污染物分析测试的方法主要有3种：不分光红外法（NDIR，测量CO和CO_2）、氢火焰离子化法（FID，测量HC）、化学发光法（CLD，测量NO_x）。

3）柴油车的排烟主要有黑烟、蓝烟和白烟，其排烟的多少以烟度来表征。常用的烟度计有滤纸式烟度计和不透光烟度计。

4）目前国内、外对废气排放的控制主要有几种措施：采用废气再循环系统、使用低硫份柴油、改进发动机结构及采用进气增压技术。

复习思考题

1. 简述发动机检查及调整的要求。
2. 简述自诊断系统使用技巧和注意事项。
3. 简述汽车排放污染物产生的原因。
4. 汽车排放污染物的控制措施主要有哪些？

模块十三　底　盘　检　测

项目一　底盘检测与调整

项目目标
1. 理解底盘检测过程
2. 掌握底盘系统调整内容
3. 掌握底盘系统调整方法

课前思考
汽车底盘上有哪些部件是需要进行调整的？这些部件调整的方法是什么？对汽车质量会产生什么影响？

项目内容

任务描述
本任务要求了解底盘的检测规程、检测标准、方法等，理解底盘系统调整的基本内容和要求。

学习引导

1. 底盘检测规程

1）检查各零部件应装配正确、紧固，确保无松动、错装、漏装现象，排放控制系统和 ABS 控制系统各零部件和总成表面和连接部位应干燥、清洁，无油、水及润滑脂附着。

2）发动机、变速器、传动轴、后桥、减振器等安装正确，联结可靠，无管路弯折、干涉和渗漏现象。

3）发动机进、排气系统零部件及总成连接可靠，无渗漏、干涉现象。

4）发动机冷却系统和空调系统各零部件及总成连接正确、牢固，管路无干涉、渗漏现象。

5）燃油供给系统总成及部件装配正确、联结可靠，管路无弯折、干涉和渗漏现象。

6）制动系统零部件、总成及连接部分装配正确、可靠，无干涉、渗漏现象。

7）电气线索装配、卡接正确牢固，与发动机转动部分间隙大于 3 mm，其护套不允许直接搁置在发动机及消声器等的高温表面。

8）装好发动机挡泥板。

2. 底盘系统调整

经静态装配质量检查合格后,应进行整车调试。整车调试是指对汽车操纵系统的检查和调整,主要项目包括转向操纵性能、离合器操纵性能、加速操纵性能、制动操纵性能等的调试。

(1) 转向盘自由转动量的检查与调整　汽车的转向盘应转动灵活,操纵方便、稳定,无阻滞现象。此外,应设置转向限位装置,车轮转向过程中不得与其他部件有干涉现象。转向轮转向后能自动回正,使汽车具有稳定的直线行驶能力。

1) 调整标准。机动车转向盘最大自由转动量,从中间位置向左或向右的最大转角如下:

①最大设计车速大于或等于 100km 的机动车最大转角为 10°。

②最大设计车速小于 100km 的机动车最大转角为 15°。

2) 转向盘自由转动量的检查与调整。

①自由转动量的检查:将车停在平坦地面上,前轮处于直线行驶位置,将检查刻度盘和指针分别夹持在转向轴壳和转向盘上。将转向盘向左转动至有阻力为止,然后以此为基点向右转动转向盘至有阻力时为止(此时前轮不应转动),这时指针在刻度盘上转过的角度就是转向盘最大自由转动量。

②自由转动量的调整:若自由转动量不符合规定值,则用转向器盖上的调整螺钉进行调整。当调整螺钉拧进时,转向齿轮与转向齿条啮合间隙变小,自由转动量随之也变小。反之,当调整螺钉拧出时,转向齿轮与转向齿条啮合间隙变大,自由转动量随之也变大,最后紧固锁紧螺母。

(2) 离合器踏板高度及自由行程的调整　离合器要求接合平稳,分离彻底,工作中不得有异响、抖动等不正常现象,踏板行程及操纵踏板力应符合整车技术条件。离合器操纵系统的主要参数如下:

离合器踏板安装参数:安装高度为 180~186mm;工作行程为 134~142mm;自由行程为 10~30mm。

离合器操纵力:踩下离合器踏板力应不大于 300N;手握力应不大于 200N。

1) 检查和调整离合器踏板高度。如果踏板位置不正确,应通过调节螺栓来调整。抬起离合器踏板,使踏板行程保持在 180~186mm 的位置上,调整调节螺栓,使其刚好与踏板摇臂接触,拧紧调节螺栓防松螺母。

2) 检查和调整离合器踏板的自由行程。

①拉杆式离合器踏板自由行程的调整:如果离合器踏板自由行程不符合要求,对于拉杆式操纵机构,可以通过分离叉拉杆调整螺母调整拉杆或钢索长度。若离合器踏板自由行程大于 10~30mm,可以用扳手将分离拉杆端上的锁紧螺母松开,把球形调整螺母旋入或旋出,使分离拉杆的有效长度缩短或伸长,边调整边检查,直到符合标准为止,最后将锁紧螺母拧紧。

②拉索式离合器踏板自由行程的调整:拉索式操纵机构可以通过调整离合器拉索上的调节螺母来进行调整,必要时应重新调整离合器踏板高度。

③液压离合器自由行程的调整:液压操纵式离合器踏板自由行程一般是主缸活塞与其推杆之间、分离杠杆内端与分离轴承之间两部分间隙之和在踏板上的反映。如果离合器踏板自

由行程未达到要求，可松开踏板与推杆的连接处锁紧螺母，通过拧动推杆来调整踏板的自由行程。调整结束后拧紧锁紧螺母。

④液压离合器操纵机构的排气：离合器油和制动液共用一个储液罐，向储液罐中加注 4604 制动油 350ml。将离合器分离缸的排气螺塞拧出，接一根排气用软管，管的另一端放入容器中。缓慢地反复踏动离合器踏板，待排气软管内有油喷出时拧紧放气螺塞。然后反复踏动离合器踏板，进行放气，反复几次直至无气泡出现并有柱状油喷出后取下软管，拧紧放气塞。

（3）制动踏板高度和自由行程的调整　汽车制动器的制动踏板应运用自如，不磕碰、不干涉，踏下踏板时制动阀能完全打开，解除制动时能迅速回位，无拖滞现象。驻车制动器应能自由转动，无卡滞、摩擦现象，松开制动手柄后能顺利解除制动，在行驶中不得有异响及过热或抱死等现象发生。

1）制动器操纵系统的主要参数：

①制动踏板至地板的高度为 176～181mm。

②制动踏板的自由行程为 10～20mm。

③踏板力：座位数小于或等于 9 的载客汽车的踏板力应不大于 500 N；其他车辆的踏板力应不大于 700 N。

④驻车制动操纵力：用手操纵时，座位数小于或等于 9 的载客汽车的驻车制动操纵力应不大于 400N，其他车辆的驻车制动操纵力应不大于 600N；用脚操纵时，座位数小于或等于 9 的载客汽车的驻车制动操纵力应不大于 500N，其他车辆的驻车制动操纵力应不大于 700N。

2）调整制动踏板高度。松开制动灯开关锁紧螺母，调整制动灯开关至适合的位置，检查制动灯开关，应保证踩下制动踏板 5～15mm 时，制动灯能亮，拧紧制动灯开关锁紧螺母。

3）调整制动踏板自由行程。制动踏板自由行程不符合要求时，可通过调节制动灯开关的安装位置来进行调整。

（4）节气门拉索操纵机构的调整

1）电子式加速踏板调整。电子式加速踏板的限位器安装在底板上，因此，行程不符合要求时，应调整加速踏板下面底板上的限位器，使其达到规定要求。

2）机械式加速装置调整。机械式加速装置主要是调整节气门拉索。调整时，先松开一个螺母，再拧另外一个螺母来调节拉索的松紧度。如果节气门拉索绷得太紧，可能引起节气门关闭不严，因此，调整时拉索应有适量的松弛度。

项目小结

1）底盘系统调整主要包括：转向盘自由转动量的检查与调整；离合器踏板高度及自由行程的调整；制动踏板高度和自由行程的调整；节气门拉索操纵机构的调整。

2）转向盘自由转动量的检查与调整：①自由转动量的检查：将车停在平坦地面上，前轮处于直线行驶位置，将检查器刻度盘和指针分别夹持在转向轴壳和转向盘上。将转向盘向左转动至有阻力为止，然后以此为基点向右转动转向盘至有阻力时为止（此时前轮不应转动），这时指针在刻度盘上转过的角度就是方向盘最大自由转动量。②自由转动量的调整：若自由转动量不符合规定值，则用转向器盖上的调整螺钉进行调整。当调整螺钉拧进时，转向齿轮与转向齿条啮合间隙变小，自由转动量随之也变小。反之，当调整螺钉拧出时，转向齿轮与转向齿条啮合间隙变大，自由转动量随之也变大，最后紧固锁紧螺母。

3) 离合器踏板高度及自由行程的调整：离合器要求接合平稳，分离彻底，工作中不得有异响、抖动等不正常现象；踏板行程及操纵踏板力应符合整车技术条件。

4) 制动踏板高度和自由行程的调整：汽车制动器的制动踏板应运用自如，不磕碰、不干涉，踏下踏板时制动阀能完全打开，解除制动时能迅速回位，无拖滞现象。

5) 节气门拉索操纵机构的调整：电子式加速踏板调整和机械式加速装置调整。

项目二　车轮定位检测

项目目标

1. 理解四轮定位的含义
2. 理解四轮定位的检测原理

课前思考

四轮定位都包括什么内容？为什么汽车要做四轮定位？

项目内容

任务描述

本任务要求掌握四轮定位的含义，了解四轮定位参数的检测原理。

学习引导

1. 四轮定位的检测项目

四轮定位的检测项目包括左右轮轴距差、推力角、车轮前束值/角及前张角、车轮外倾角、主销后倾角、主销内倾角、后轮前束值/角及前张角、后轮外倾角、轮距、轴距、转向20°时的前张角等。四轮定位仪不仅可检测转向的定位参数，还可检测后轮定位参数。

不同车型的四轮定位值不同，汽车的四轮定位是否合格，需要把检测结果与标准值进行比较才能确定。目前使用的计算机四轮定位仪，不仅采用了先进的测量系统和科学的检测方法，而且储存了大量常见车型的四轮定位标准数据。在检测过程中，可随时把实测数据与标准数据进行比较，并通过屏幕用图形和数字显示出需要调整的部位和调整方法，以及在调整过程中数值的变化，将复杂的四轮定位检测予以简化。

2. 四轮定位的检测项目的原理

（1）前束和左右轮轴距差　检测时，应将车体摆正并把转向盘置于中间位置。为提高检测精度，依四轮定位仪的类型常通过接线或光线照射及反射的方式形成一个封闭的四边形，并将被测车辆置于该四边形之中。通过安装在车轮上的光学镜面或传感器，不仅可检测前、后桥的前束值，还可检测同一车轴上左、右车轮的同轴度及推力角等。

（2）车轮外倾角　车轮外倾角可在车轮处于直线行驶位置时直接测得。四轮定位仪的传感器内装有角度测量仪（如电子倾斜仪），把传感器装在车轮上可直接测出车轮外倾角。

（3）主销后倾角和主销内倾角　主销后倾角和主销内倾角不能直接测出，只能采用几何关系的间接测量方法。因几何关系较复杂，在此不做讨论。

（4）推力角　由于车辆长期使用或发生交通事故后，其后轴发生变形，致使后轴中心对称线（即推力线）发生偏斜，后轴中心线与汽车纵向对称线夹角即为推力角。推力角并非设计参数，而是一种故障状态参数。推力角过大会导致轮胎的异常磨损，汽车易偏离其直线行驶方向，严重时将发生后轮侧滑、甩尾等危险情况。

（5）转向20°时的前张角　由于转向轮长期在凹凸不平的路面上行驶和经常使用紧急制动等，使转向轮经常受到碰撞和冲击而引起汽车转向梯形变形，造成汽车在转向行驶过程中转向轮的异常磨损和操纵性变差，影响汽车的安全性。为了检测汽车的转向梯形臂与各连杆是否发生变形，在四轮定位检测中设置了转向20°时的前张角的检测项目。

3. 四轮定位仪

目前，常用的四轮定位仪有拉线式、光学式、计算机拉线式和计算机激光式等多种。计算机四轮定位仪由主机、前后车轮检测传感器、传感器支架、转盘、制动锁、转向盘锁及导线等零部件构成。

各种四轮定位仪虽然其基本检测原理相同，但使用方法有很大差异，因此在使用前应认真阅读四轮定位仪的使用说明书。

项目小结

1）四轮定位的检测项目包括左右轮轴距差、推力角、车轮前束值/角及前张角、车轮外倾角、主销后倾角、主销内倾角、后轮前束值/角及前张角、后轮外倾角、轮距、轴距、转向20°时的前张角等。四轮定位仪不仅可检测转向的定位参数，还可检测后轮定位参数。

2）前束和左右轮轴距差检测。

3）车轮外倾角检测。

4）主销后倾角和主销内倾角检测。

5）推力角检测。

6）转向20°时的前张角检测。

项目三　汽车侧滑检测

项目目标

1. 了解汽车侧滑检测的目的
2. 了解汽车侧滑的原因及影响侧滑量的因素
3. 掌握侧滑量对汽车使用性能的影响

课前思考

汽车侧滑量过大对汽车有什么影响？为什么要检测汽车侧滑量？

项目内容

任务描述

本任务要求掌握汽车侧滑的含义，了解产生汽车侧滑的原因，掌握汽车侧滑量对汽车使用性能的影响。

学习引导

车轮侧滑量检测是动态检测前轮前束与前轮外倾的配合是否合适，并检查悬架的几何特性。具体的检测方法是，当汽车的前轮或后轮驶过试验台的两块滑板时，车轮的驶入点和驶出点被扫描，显示屏即显示测定值和是否合格。前轮侧滑是指前轮前束和外倾角不匹配（外倾角产生的侧向力和前束产生的侧向力不平衡），使汽车在直线行驶时产生向左或向右偏移的现象。它反映的是汽车直线行驶的稳定性。

1. 前轮侧滑量过大的危害

前轮侧滑量若在允许的范围，对车辆使用没有大的影响，但侧滑量过大时，危害很大：

1）影响行驶稳定性。侧滑量过大时，会出现转向沉重，自动回正作用减弱，方向明显跑偏，车头摇摆（车速50km/h以上时）等现象。

2）增加燃油消耗。侧滑量过大时，行驶阻力会增大。因此，汽车油耗增加，一般耗油量增加4%左右。

3）轮胎过度磨损。根据对侧滑量与轮胎磨损关系的定量分析，磨损量和磨损速度与侧滑量成正比。

2. 前轮侧滑的检测

汽车前轮侧滑的检测是通过侧滑检测仪进行的。

（1）检测前的准备 接通侧滑检测仪电源后，机器预热半小时，并对仪器进行自检；确保被检汽车轮胎气压符合标准；并清除轮胎上粘有的油污、水渍或花纹沟槽内的小石子。

（2）检测方法 使被检车辆沿行车指示线以3～5km/h的车速匀速通过侧滑检测仪的滑板。

（3）检测注意事项 检测时，车速一定要控制在规定的范围内，并使前轮平稳通过侧滑检测仪。

外移动（侧滑为正），表明车轮前束太大或负外倾太大；若滑板向内移动（侧滑为负），表明车轮外倾太大或负前束太大；若滑板不移动，表明车轮没有侧滑量，则前束与外倾配合合适。

3. 影响前轮侧滑的主要因素

（1）轮胎 实践证明，轮胎对侧滑的影响极大。左、右轮胎的胎面花纹不相同，左、右轮轮胎气压不等，轮辋或其他原因造成的轮胎胎面失圆，两胎磨损不等造成的外圆直径不同，轮轴轴承松旷造成的车轮摇摆等因素，对侧滑均有不利影响。

（2）转向机构 主要是连接球头销松旷、主销与销孔间隙过大。

（3）前桥与车架 主要是前桥或车架变形、轴距不等、车桥移位。

4. 消除前轮侧滑的措施

维修侧滑不合格的车辆时，要由易到难逐步进行。先检查前轮胎面和气压是否正常、拉杆球头是否松动、观察轴距有无偏差；确认正常后调整前束，借此消除因前轮、悬架装置和转向机构等间隙对前束值的影响。如经以上检查、调整仍不合格，再进一步检查主销和车架。

项目小结

1）车轮侧滑量检测是当汽车的前轮或后轮驶过试验台的两块滑板时，车轮的驶入点和驶出点被扫描，显示屏即显示测定值和是否合格。前轮侧滑是指前轮前束和外倾角不匹配（外倾角产生的侧向力和前束产生的侧向力不平衡），使汽车在直线行驶时产生向左或向右偏移的现象。它反映的是汽车直线行驶的稳定性。

2）外移动（侧滑为正），表明车轮前束太大或负外倾太大；若滑板向内移动（侧滑为负），表明车轮外倾太大或负前束太大；若滑板不移动，表明车轮没有侧滑量，则前束与外倾配合合适。

3）影响前轮侧滑的主要因素有：轮胎、转向机构、前桥与车架等。

项目四 制动性能检测

项目目标

1. 了解汽车制动的过程
2. 理解汽车制动性能评价指标
3. 学会分析汽车制动性能的主要影响因素
4. 掌握制动性能检测设备、检测方法、检测标准及结果分析方法

课前思考

汽车制动距离过大对汽车有什么影响？通过哪些参数来衡量汽车的制动性能？

项目内容

任务描述

本任务要求掌握汽车制动的过程，了解汽车制动性能评价指标，学会分析汽车制动性能的主要影响因素，掌握制动性能检测设备、检测方法、检测标准及结果分析方法。

学习引导

制动性能的检测对所有车辆都极其重要，它关系到人们的安全，是车辆安全行驶的重要保障。

全面考查汽车制动性能，通常需要进行磨合试验、冷态效能试验、热态效能试验、制动管路失效试验、热衰退性能试验、涉水恢复试验、制动系统时间特性试验、驻车制动试验和

防抱死制动性能试验。检测内容包括：制动力综合与整车重量的百分比、轴制动力与轴荷的百分比、驻车制动力与整车重量的百分比、制动力平衡、车轮阻滞力和制动协调时间等。除此之外，还要对 ABS 及 ESP 等系统的工作有效性、调节速率、反应时间、动态特性、制动系统最大静态制动力、制动踏板力、驻车制动操纵力等给出评价，检测结果应符合法规要求，评价方法主要是与企业相关标准作比较。根据国家标准 GB 18565—2001《营运车辆综合性能要求和检验方法》的规定，可用台试检测制动性能，也可以用路试检测制动性能。一般情况下，可用台试法检测制动性能，当对台试法检测结果发生争议时，可以用路试检测进行复检，并以满载状态路试的结果为准，以保证对其制动性能判断的准确性。

汽车制动性能直接关系到交通安全，重大交通事故往往与汽车制动性能有关。制动距离太长或者紧急制动时发生侧滑等都会造成交通事故。在现有路况标准下，随着汽车行驶速度提高，汽车制动性能对保障交通安全尤为重要。

1. 试验仪器与设备

与路试法检测制动性能相比，试验台检测制动性能具有迅速、经济、安全，不受外界自然条件的限制，以及试验重复性好和能定量地指示出各轮的制动力或制动距离等优点，因而已成为检测的发展方向，在国内外得到了广泛应用。

制动试验台按不同的分类方法，可以分出不同的类型。按测量方式可分为反力式和惯性式两类；按支承车轮形式不同，可分为滚筒式和平板式两类。

（1）反力式滚筒制动试验台 反力式滚筒制动试验台（测制动力式）得到了广泛应用，其中，单轴反力式滚筒制动试验台应用最为普遍，国内外汽车检测站所用的制动检测设备多为这种形式。

单轴反力式滚筒制动试验台简图如图 13-1 所示，它由框架、驱动装置、滚筒装置、测量装置、举升装置和指示与控制装置等组成。为使制动试验台能同时检测车轴两端左、右车轮的制动力，除框架、指示与控制装置外，其他装置都是独立设置的。

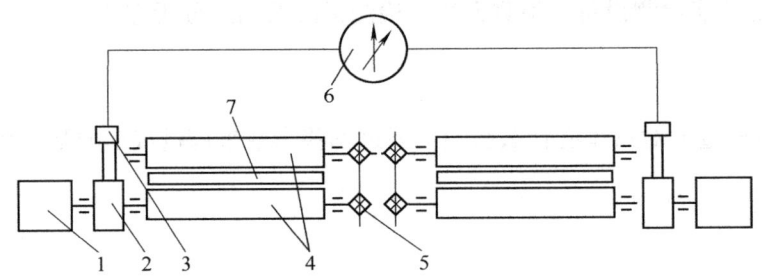

图 13-1　单轴反力式滚筒制动试验台简图
1—电动机　2—减速器　3—测量装置　4—滚筒装置
5—链传动　6—指示与控制装置　7—举升装置

（2）平板式制动试验台 平板式制动试验台由测试平板、测量显示系统和踏板力计组成，一般分为两条的测试平板共 4 块，且相互独立。平板式制动试验台示意图如图 13-2 所示。

测试平板由面板、底板、钢球和力传感器等组成。底板作为底座固定在混凝土地面上，面板通过压力传感器和钢球支承在底板上，其纵向通过拉力传感器与底板相连。压力传感器

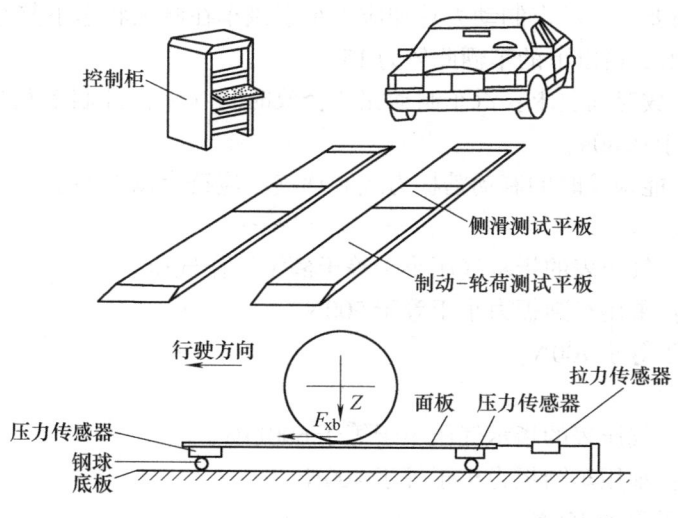

图 13-2 平板式制动试验台示意图

用于测量作用于面板上的垂直力；拉力传感器用于测量沿汽车行驶方向轮胎作用于面板上的水平力。水平力和垂直力的大小变化分别对应于拉力传感器和压力传感器所输出的电信号的变化。拉力传感器和压力传感器输出的电信号由计算机采集、处理后，换算成制动力和轮荷的大小并分别在显示装置上显示出来。

如果装用无线式踏板压力计，平板式制动试验台不仅可测出最大制动力，还可提供制动力随时间变化的曲线、制动协调时间等信息，根据垂直力在制动过程中的波动情况，可检测悬架减振器的性能。

汽车在平板式制动试验台上的制动试验过程与汽车在道路上行驶时的制动过程较为接近。但平板式制动试验台存在测试重复性差且重复试验较麻烦、占地面积大、需要助跑车道、不利于流水作业和不安全等缺点，因此其应用不如反力式滚筒制动试验台广泛。

2. 制动性能检测标准

（1）行车制动检测标准

1）制动力要求。前轴制动力与前轴荷之比大于等于 60%；制动力总和与整车重量之比，空载时应大于等于 60%，满载时应大于等于 50%；乘用车和总质量不大于 3500kg 的货车后轴制动力与后轴荷之比应大于等于 20%。

2）制动平衡要求。制动平衡要求为制动力增长的全过程中同时测得的左、右轮制动力差的最大值，与全过程中测得的该轴左、右轮最大制动力中大者之比，前轴不应大于 20%；对后轴（及其他轴）在轴制动力不小于该轴轴荷的 60% 时，两者之比不应大于 24%；当后轴（及其他轴）轴制动力小于该轴轴荷的 60% 时，在制动力增长全过程中同时测得的左、右轮制动力差的最大值不应大于该轴轴荷的 8%。

3）协调时间要求。GB 7258—2012 规定：对采用液压制动系统的车辆协调时间不得大于 0.35s；对采用气压制动系统的车辆协调时间不得大于 0.60s；汽车列车和铰接客车、铰接式无轨电车的制动协调时间不应大于 0.80s。GB 18565—2001 规定：对采用液压制动系统的车辆不得大于 0.35s；对采用气压制动系的车辆不得大于 0.56s。

4）阻滞力要求。进行制动力检测时，车辆各轮的阻滞力均不得大于该轴轴荷的 5%。

5）驻车制动力要求：驻车制动力总和应不小于该车在测试状态下整车重量的20%；对总质量为整备质量1.2倍以下的车辆此值为15%。

6）制动完全释放时间要求：汽车制动完全释放时间（从松开制动踏板到制动消除所需要的时间）不应大于0.80s。

7）进行制动性能检验时的制动踏板力或制动气压应符合以下要求。

①满载检验时。

气压制动系统：气压表的指示气压小于等于额定工作气压。

液压制动系统：乘用车踏板力小于等于500N。

其他机动车小于等于700N。

②空载检验时

气压制动系统：气压表的指示气压小于等于600kPa。

液压制动系统：乘用车踏板力小于等于400N。

其他机动车小于等于450N。

（2）驻车制动检测标准　当采用制动试验台检验车辆驻车制动器的制动力时，车辆空载，乘坐一名驾驶人，使用驻车制动装置，测得的驻车制动力的总和应不小于该车在测试状态下整车重量的20%。对总质量为整备质量1.2倍以下的车辆，测得的驻车制动力的总和应不大于该车在测试状态下整车质量的15%。

项目小结

1）全面考查汽车制动性能，通常需要进行磨合试验、冷态效能试验、热态效能试验、制动管路失效试验、热衰退性能试验、涉水恢复试验、制动系统时间特性试验、驻车制动试验和防抱死制动性能试验。

2）汽车制动性能检测内容包括：制动力综合与整车重量的百分比、轴制动力与轴荷的百分比、驻车制动力与整车重量的百分比、制动力平衡、车轮阻滞力和制动协调时间等。除此之外，还要对ABS及ESP等系统的工作有效性、调节速率、反应时间、动态特性、制动系统最大静态制动力、制动踏板力和驻车制动操纵力等给出评价。

复习思考题

1. 底盘系统需检测哪些内容？
2. 四轮定位包括哪些参数？
3. 汽车制动性能的检测项目及检测内容有哪些？
4. 简述驻车制动检测标准。
5. 汽车前轮侧滑量对汽车使用性能有什么影响？

模块十四 灯光与电器检测

项目一 前照灯检测

汽车前照灯检测

🎯 项目目标

1. 理解汽车前照灯的评价指标
2. 理解全自动前照灯检测仪的结构与工作原理
3. 掌握前照灯的检测标准

课前思考

为什么要对前照灯进行检测？评价前照灯质量的标准是什么？不同汽车的照明系统是否相同？

项目内容

任务描述

本任务要求掌握前照灯检测的意义，了解前照灯检测仪的结构与工作原理，掌握前照灯的检测标准。

学习引导

汽车前照灯检测是汽车安全性能检测的重要项目。前照灯检测的主要参数是发光强度和光束照射位置。当发光强度不足或光束照射位置偏斜时，会造成夜间行车驾驶人视线不清，或使迎面来车的驾驶人炫目，极大地影响了行车安全。

前照灯的检查方法如下：汽车停在距检测仪光屏 1m 远的位置，打开远光灯，并使发动机转速达到 1500r/min。此时，检测仪自动跟踪灯光位置，并在表盘上显示发光强度及光束照射位置的数值。通过调节前照灯的调整螺栓调整光束照射位置。发光强度规定值应大于等于 15000cd。

1. 前照灯检测仪检测原理

用于检测汽车前照灯性能的设备称为前照灯检测仪。用检测仪检测灯光性能时，一般距离前照灯 1m 或 3m，检测时，前照灯的光束通过检测仪的聚光透镜和光电元件等，将 1m 或 3m 处的光照度折算成 10m 处的照度，并以发光强度值进行指示。检测前照灯时，距离越远，检测测量值越准确，但需要场地较大。一般在 3m 以内误差约为 15% 左右，可见使用前照灯检测仪检测的准确性不如屏幕法高。但仪器通过对误差进行修正，加之占用场地小、使用方便等优点，在检测线上得到广泛的应用。

前照灯检测仪是一种专用的光学仪器。其使用的主要元器件是硅半导体光电池和聚光透镜。光电池用于吸收前照灯发出的光能，将其转变成光电池的电流，按该电流的大小来确定前照灯的发光强度与光轴偏移量。

半导体光电池如图14-1所示，它由结晶硅、金属薄膜、底板和引线等组成。当光电池受到光照射后，光能使金属薄膜和硅晶体上、下部之间产生电动势，使结晶硅上部带负电，下部带正电。因此，在金属薄膜和铁底板上接出引线后，即可将电路接通，从而使电流表指针偏转。

（1）发光强度检测原理　如图14-2所示，将光电池与光度计用导线连接起来，在规定的距离使前照灯灯光照射光电池后，光电池产生对应于前照灯发光强度大小的电流使光度计指针偏转，从而检测出前照灯的发光强度。

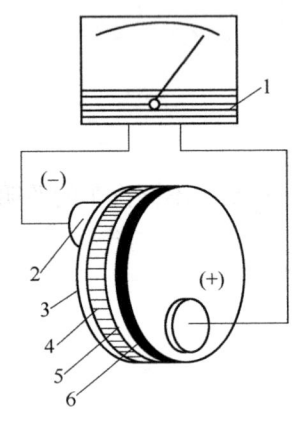

图14-1　半导体光电池

1—电流表　2—引线　3—金属膜　4—非结晶硅
5—结晶硅　6—铁底板

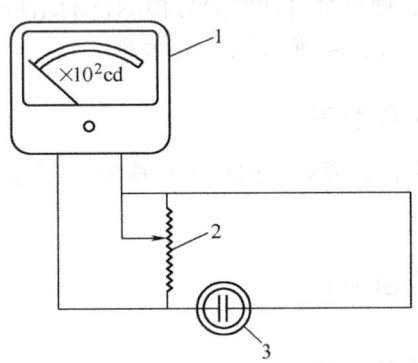

图14-2　发光强度测量原理

1—光度计　2—可变电阻　3—光电池

（2）光轴偏斜量检测原理　如图14-3所示，将一个光电池分隔成四等份（S1、S2、S3和S4），位于上下两片光电池S1和S2连接上下偏斜指示计，位于左右两片光电池S3和S4连接左右偏斜指示计。前照灯光束照射到光电池后，各片光电池分别产生电流；若产生电流相等，上下偏斜指针不动；若S1和S2产生电流大小不等，则上下偏斜指示计指针将按S1和S2电流差值大小进行偏转，指示出光轴上下偏斜量。左右偏斜测量原理相同。

2. 前照灯检测仪的种类

按照前照灯检测仪的结构特征与测量方法不同，常用的汽车前照灯测量仪可分为聚光式、屏幕式、投影式和自动追踪光轴式4种类型。这些不同类型的前照灯检测仪均由接受前照灯光束的受光器、使受光器与汽车前照灯对正的照准装置、前照灯发光强度指示装置、光轴偏斜方向和偏斜量指示装置及支柱、底板、导轨、汽车摆正找准装置等组成。目前使用最为广泛的是自动追踪光轴式前照灯检测仪。

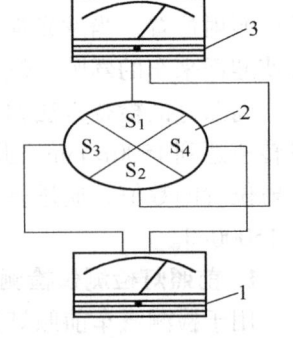

图14-3　光轴偏斜测量原理图

1—左右偏斜指示计　2—光电池
3—上下偏斜指示计

(1) 聚光式前照灯检测仪　聚光式前照灯检测仪利用受光器的聚光透镜把前照灯的散射光束聚合起来，并导引到光电池的光照面上，根据其对光电池的照射强度，来检测前照灯的发光强度和光轴偏斜量。检测时，检测仪放在距前照灯前方1m处。

(2) 屏幕式前照灯检测仪　屏幕式前照灯检测仪在固定屏幕上装有可以左右移动的活动屏幕，在活动屏幕上装有能上下移动的内部带有光电池的受光器。前照灯的光束照射到屏幕上，检测发光强度和光轴偏斜量检测时，测量距离一般为3m。

(3) 投影式前照灯检测仪　投影式前照灯检测仪把前照灯光束的影像映射到投影屏上，来检测发光强度和光轴偏斜量。检测时，测量距离一般为3m。

(4) 自动追踪光轴式前照灯检测仪　自动追踪光轴式前照灯检测仪采用受光器自动追踪光轴的方法检测前照灯发光强度和光轴偏斜量。检测时，测量距离一般为3m。灯光检测仪如图14-4所示。

检测时，前照灯的光束照射到检测仪的受光器上。此时，若前照灯光束照射方向偏斜，则主、副受光器的上下光电池或左右光电池的受光量不相等，由其电流的差值控制受光器上下移动的电动机运转，或使控制箱左右移动的电动机运转，并通过传动机构牵动受光器上下移动或驱动控制箱在轨道上左右移动，直至受光器上下、左右光电池受光量相等为止。在追踪光轴时，受光器的位移方向和位移量由光轴偏斜指示计指示，前照灯光束的偏斜方向和偏斜量、发光强度由光度计指示。

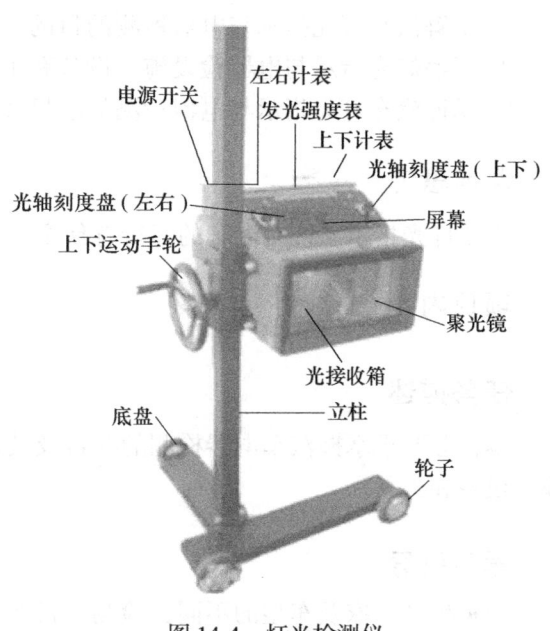

图14-4　灯光检测仪

3. 前照灯检测标准

对汽车前照灯的要求有以下两个方面：

1) 前照灯应具有防眩目装置，以防止夜间行车时使对方驾驶人因眩目而造成交通事故。

2) 前照灯应保证在汽车前方100m以内的路面上进行明亮而均匀的照明，使驾驶人能清楚辨明路面上的任何障碍物。现代高速汽车的照明距离应达到200～250m。

项目小结

1) 前照灯检测的主要参数是发光强度和光束照射位置。当发光强度不足或光束照射位置偏斜时，会造成夜间行车驾驶人视线不清，或使迎面来车的驾驶人眩目，极大地影响了行车安全。

2) 前照灯的检查方法如下：汽车停在距检测仪光屏1m远的位置，打开远光灯，并使发动机转速达到1500r/min。此时，检测仪自动跟踪灯光位置，并在表盘上显示发光强度及光束照射位置的数值。通过调节前照灯的调整螺栓调整光束照射位置。发光强度规定值应大于等于15000cd。

3）按照前照灯检测仪的结构特征与测量方法不同，常用的汽车前照灯测量仪可分为聚光式、屏幕式、投影式和自动追踪光轴式4种类型。

项目二　灯光指示与电器检测

项目目标

1. 了解汽车灯光指示与电器检测的目的
2. 了解灯光指示与电器检设施、设备和工具
3. 掌握汽车灯光指示与电器检测的项目及技术要求

课前思考

汽车灯光指示系统对汽车的运行有什么意义？汽车电器检测的项目有哪些？

项目内容

任务描述

本任务要求掌握汽车电器检测的项目及技术要求，了解灯光指示与电器检测所需要的设施、设备和工具。

学习引导

根据生产厂家及车型的不同，检测项目及技术要求会有所不同。

1. 灯光指示与电器检测概述

现代汽车的种类和品牌众多，电器设备的应用也越来越广泛，并且安装位置、接线方法也有不同，但是电器系统的设计也遵循着一定规律。汽车电器系统主要包括充电系统、起动系统、点火系统、汽车仪表、照明、信号、辅助电器等。汽车电器系统现代检测技术具有检测速度快、准确性高、能定量分析、可实现快速诊断等特点，是在人工经验诊断法的基础上发展起来的现代检测技术。例如采用密度计测量蓄电池的电解液密度，判断蓄电池电容量；采用示波器检测电压波形判断发电机内部故障类型；采用汽车电器综合性能试验台检测电器系统电流、电压，以检查电器系统的故障等。使用现代仪器设备检测汽车电器系统是必然趋势。

2. 灯光指示与电器检测的设施、设备和工具

灯光指示与电器检测的基本设施有汽车电器检测相关工位、检验地沟等。常用工具有专用万用表、手电筒、钢卷尺等。

一般情况下，需要在仪表板及电器设备安装后，再在检测线检测一遍，并在汽车路试时检测个别项目。

3. 灯光指示与电器检测的项目及技术要求

灯光指示与电器检测项目及技术要求见表14-1。

表 14-1 灯光指示与电器检测项目及技术要求

检测项目	检测方法	技术要求
车速表	使用的设备主要是汽车底盘测功机	符合 GB 7258—2012 规定
显示仪表（里程表、转速表、冷却液温度表、燃油表等）	一般用主观检测方法进行	参考行业标准：QC/T10、QC/T18、QC/T13 应正常
点火开关	4 个档位依次工作	应正常
线束	目测法	紧固可靠、线束连接牢固
发动机故障指示灯、ABS 故障指示灯等故障警告灯、机油压力警告灯	点火开关处于 ON 位置，检查警告灯是否亮，起动发动机，检查是否熄灭	点火开关置于 ON 位置，故障指示灯应亮，发动起动后，故障指示灯应熄灭
驻车制动警告灯	驻车制动闭锁/解锁，警告灯是否熄灭	驻车制动闭锁时，警告灯应亮；驻车制动解锁时，警告灯应熄灭
前、后示宽灯，牌照灯	开关接通/断开检查	开关接通时应亮，断开时应熄灭；亮度应正常
前照灯及变光信号	远、近光开关切换	灯光应正常，左右应相同
转向信号灯、危险警告灯	开关在相应位置时检查	转向信号灯及危险警告灯亮度应正常，左右应相同，频率稳定
制动灯	踩下制动踏板，并感觉灯亮时踩下的程度	制动踏板被踩下 2mm 时灯应亮，松开制动踏板灯应熄灭
倒车灯	点火开关接通，变速杆处于倒档位置时检查	处于倒档位置时应亮，否则应熄灭
顶灯	顶灯开关闭合/断开	开关闭合时应亮，断开时应熄灭
收音机	接通收音机电源开关时，检查收音机的所有功能	工作正常，不得发生卡滞、干扰现象
喇叭	点火开关接通时，接通喇叭开关	音量正常，无杂声
刮水器	刮水器在各档位工作，观察刮水器工作速度	刮水器工作速度与各档位一致，工作无异响，无擦拭残留，刮片能自动复位
电动门窗、中控门锁		无噪声、玻璃升降无卡滞
洗涤器	打开洗涤器开关，检查喷射位置	应喷射在距离刮片擦拭中心半径为 100mm 的圆内
暖风装置	暖风风扇开关闭合/断开；温度控制旋钮动作；内外循环操作	暖风系统应工作正常，在发动机正常工作时，起动暖风开关，暖风出口应有暖风吹出
制冷空调	发动机运转后，A/C 开关接通/断开	空调系统中各总成，传感器应正常工作，起动冷气开关，冷气出口有冷风吹出

按照表 14-1 汽车电器检测项目及技术要求进行检测时，多采用人工经验法进行检查。现代汽车检测线采用整车电器综合检测台以后，可以将蓄电池负极电缆拆下，单片机的插头分别与蓄电池正极、主机及拆下的蓄电池负极电缆连接，在主机显示屏控制程序指令中选择车型、车身号等参数后，开始进入检测程序。整套检测系统不只是对各仪表和灯光的功能进行检测，还对整车各电器系统的电压、电流进行测试，检查可能存在的接触不良、短路等隐患，保证电器系统的装配质量。

项目小结

1）汽车电器系统现代检测技术具有检测速度快、准确性高、能定量分析、可实现快速诊断等特点。例如采用密度计测量蓄电池的电解液密度，判断蓄电池电容量；采用示波器检测电压波形判断发电机内部故障类型；采用汽车电器综合性能试验台检测电器系统电流、电压，以检查电器系统的故障等。

2）灯光指示与电器检测的基本设施有汽车电器检测相关工位、检验地沟等。

3）一般情况下，需要在仪表板及电器设备安装后，再检测线检测一遍，并在汽车路试时检测个别项目。

复习思考题

1. 简述汽车前照灯的检测原理。
2. 简述汽车前照灯的检测要求。
3. 简述发光强度的检测原理。

模块十五　汽车淋雨检测与路试

项目一　汽车淋雨检测

项目目标
1. 理解防雨密封性的含义
2. 理解淋雨检测设备的基本组成及检测条件
3. 掌握客车防雨性标准

课前思考
为什么要做汽车淋雨检测？如何根据防雨密封性标准判断汽车的防雨密封性？

项目内容

任务描述
本任务要求掌握防雨密封性的含义，了解淋雨检测设备的组成以及淋雨检测的条件和方法，掌握防雨密封性判断标准。

学习引导
汽车淋雨试验是一种人工环境试验法，模拟汽车在实际使用条件下遇到的自然降雨环境，从而检查整车封闭部位的密封性（如：风窗玻璃、行李舱、组合灯等）。试验目的主要是测试被试产品在淋雨条件下，防止雨水渗透的能力和遭到淋雨时或之后的防雨性能。QC/T 476—2007 规定了客车防雨密封性限值及试验方法。现代汽车除了检测水密封性，还应检测气密封性及灰尘密封性。

1. 淋雨检测设备

淋雨试验在专门设置的淋雨试验房内进行。淋雨试验房主要由房体、板链式输送线、喷淋系统、淋雨控制系统、热空气吹风系统和防火系统组成，如图 15-1 所示。

2. 淋雨检测条件

1) 车身前部、侧面、后部及顶部的各受检部位均应处于受雨状态。带行李舱的客车，其行李舱底部也应处于受雨状态。

2) 车身前部平均淋雨强度前部平均为

图 15-1　汽车淋雨试验房

(12±1) mm/min，两侧及上、下、后平均为（8±1）mm/min。

3. 试验方法

1）将试验车辆停放在淋雨场地内指定位置。

2）试验人员进入车厢，关闭所用门、窗及孔口盖。

3）起动淋雨设备，待淋雨状态稳定后试验开始，试验时间为15min。

4）试验开始后15min，试验人员开始观察并记录车厢内各部位的渗漏情况。若渗漏部位有内护板遮挡，应将该部位内护板拆除。对渗漏状态无法确定的，可用适当大小的矩形金属薄板紧贴渗漏部位，与铅垂面呈45°向下，将渗漏的雨水引流，以雨水离开薄板的状态判断渗漏情况。

5）对于带行李舱的客车，试验人员应在试验结束后，擦净行李舱门接缝处的积水，之后打开行李舱门，观察并记录行李舱内部的渗漏情况，行李舱底板若有水迹，每处均按慢滴处理。

4. 客车防雨密封性标准

(1) 相关术语

1）渗：水从缝隙中缓慢出现，并沿着车身内表面向周围漫延。

2）慢滴：水从缝隙中出现，以小于或等于30滴/min的速度离开或沿着车身内表面断续落下。

3）滴：水从缝隙中出现，以30～60滴/min的速度离开或沿着车身内表面断续落下。

4）快滴：水从缝隙中出现，离开或沿着车身内表面连续不断地向下流淌。

5）流：水从缝隙中出现，离开或沿着车身内表面连续不断地向下流淌。

(2) 车辆渗漏情况记录表（表15-1）。

表15-1 客车车辆渗漏情况记录表

检查部位	渗漏处数及扣分值										
	渗 （每处扣1分）		慢滴 （每处扣2分）		滴 （每处扣4分）		快滴 （每处扣6分）		流 （每处扣10分）		小计
	处数	扣分	处数	扣分	处数	扣分	处数	扣分	处数	扣分	处数	扣分
风窗												
侧窗												
后窗												
驾驶人侧门												
乘客侧门												
后门												
顶盖												
前围												
侧围												
后围												
行李舱												
其他部位												
合计												

检查数据处理采用扣分法，初始分值为 100 分，每出现 1 处渗扣 1 分，每出现 1 处慢滴扣 2 分，每出现 1 处滴扣 4 分，每出现 1 处快滴扣 6 分，每出现 1 处流扣 10 分，初始分值减去全部扣分值，如出现负数则按零分计，实得分值即为试验结果。

(3) 客车防雨密封性限值（表 15-2）

表 15-2　客车防雨密封性限值

客车类型		限值/分
小型客车		≥94
旅游客车、长途客车	车长≤9m	≥94
	车长>9m	≥92
城市客车	车长≤9m	≥92
	车长>9m	≥90
双层客车、铰接客车、无轨电车		≥88

项目小结

1) 汽车淋雨试验是一种人工环境试验法，模拟汽车在实际使用条件下遇到的自然降雨环境，从而检查整车封闭部位的密封性。

2) 现代汽车除了检测水密封性，还应检测气密封性及灰尘密封性。

3) 淋雨试验在专门设置的淋雨试验房内进行。淋雨试验房主要由房体、板链式输送线、喷淋系统、淋雨控制系统、热空气吹风系统和防火系统组成。

4) 相关术语。

①渗：水从缝隙中缓慢出现，并沿着车身内表面向周围漫延。

②慢滴：水从缝隙中出现，以小于或等于 30 滴/min 的速度离开或沿着车身内表面断续落下。

③滴：水从缝隙中出现，以 30~60 滴/min 的速度离开或沿着车身内表面断续落下。

④快滴：水从缝隙中出现，离开或沿着车身内表面连续不断地向下流淌。

⑤流：水从缝隙中出现，离开或沿着车身内表面连续不断地向下流淌。

项目二　汽车路试

项目目标

1. 理解汽车路试的含义
2. 理解汽车路试的方法
3. 掌握汽车路试的检查清单

课前思考

汽车路试有什么作用？汽车路试主要检测汽车的哪些性能？汽车路试有哪些检测内容？

项目内容

任务一　了解汽车路试

任务描述

本任务要求了解汽车路试试验的发展与现状、汽车路试的试验内容、路试所需要的设施、国内外汽车试验场地的规模。

学习引导

汽车道路试验是汽车工程的重要组成部分，它对汽车技术性能的提高具有举足轻重的作用。随着汽车新产品的不断问世和机动车道路事故的增加，汽车道路试验得到了充分的重视，成为汽车设计必须考虑的一个方面。早期的汽车试验场地规模小、范围窄、试验设备比较简单，除了个别有实力的汽车厂家有自己的试验场地外，其他厂家的主要试验工作是在试验台架和一般道路上进行的。汽车的试验基本方法也是在这一阶段形成的。我国目前较大的试验场地分别有海南、北京通州、黑龙江黑河、吉林长春、安徽定远、湖北襄樊、吉林农安、上海安亭和上海大众汽车试验场等若干个汽车试验场。

1. 汽车道路模拟设备

道路模拟试验是20世纪60年代开始发展起来的一种室内试验技术，随着电子技术的发展，在室内对道路进行模拟的方法日趋完善，先进的道路模拟试验设备都是由计算机操作运行的。除了最初的主要模拟汽车行驶时路面不平度输入外，还增加了模拟汽车转向、制动、环境影响等。

（1）工作原理　根据道路模拟机对被试车辆的输入结构形式的不同，将其分为轮耦合和轴耦合两大类。随着技术的发展和试验要求的提高，相继产生了各种具有特殊功能的道路模拟机，如具有屏幕钢带的垂直激振模拟机、研究悬架特性的道路模拟系统和可施加转向负荷的道路模拟机等。

（2）道路模拟机的功能　道路模拟机可以比较准确地再现预定路面、预定行驶条件下汽车运动情况，并再现振动环境。它可以用来进行多种试验，就其功能来说，主要有三个方面：

1）汽车振动性能研究，主要是研究汽车本身的振动特性。

2）汽车结构耐久性试验。

3）汽车道路模拟系统的构成。

2. 汽车道路试验场地

汽车道路试验场的主要试验设施是集中修筑各种各样的试验道路，包括汽车能持续高速行驶的高速环形道路，可造成汽车强烈颠簸的凸凹不平路，以及易滑道、陡坡、转向广场等。汽车试验场规模有大有小，试验道路的品种也不尽相同，但目的都是为汽车试验提供稳定的路面试验条件。

（1）功用

1）汽车产品的质量鉴定试验。

2) 为试验室零部件试验或政策模拟试验以及计算机模拟确定工况和提供采样条件。

3) 汽车新产品的开发、鉴定和认证试验。

4) 为汽车标准及法规的研究和验证试验等。

由于电子控制技术的发展，汽车的部分行驶工况能够在实验室进行模拟试验和用计算机进行仿真计算，如在正常振动试验台上模拟汽车在道路上行驶的振动情况，在驾驶模拟器上模拟汽车的加速、制动、甩尾等极限工况、用模拟试车场技术进行仿真计算等。但这并不意味着汽车道路试验场的作用在减少，恰恰相反，这些先进的试验手段应用的前提是汽车在道路上行驶的各种工况数据，这些数据大部分是在试车场采集的。现代化试验技术与汽车道路试验场内的试验研究紧密结合、相互验证、相互依存、相互补充，达到全面检验和评价汽车性能和可靠性的目的。

(2) 规模　汽车道路试验场按功能的不同可分为两类，即综合性试验场和专用试验场；以规模大小分类，可分为大型、中型和小型试验场。综合性试验场多为商用型汽车试验场，可以面向全社会开放，为各类客户提供全方位的汽车道路试验和技术服务，并侧重于安全、产品定型、商检等法规性试验。大型试验场面积在 $10km^2$ 以上、试验道路总长超过100km、种类相对比较齐全的道路试验场多属于综合性试验场。美国三大汽车公司（通用、福特、克莱斯勒）都有这样的大型综合性试验场。中小型试验场中，很大一部分是汽车零部件公司为满足产品开发和法规要求而修建的专用功能试验场。世界上具有代表性的汽车道路试验场规模见表15-3。

(3) 试验道路和设施　由于规模和功能的差别，各汽车道路试验场的试验道路和设施的种类、几何形状、路面参数等各有不同，甚至同样的设施有不同的名称。下面仅就常规项目进行说明。

1) 普通路环道。通常用于试验里程累积和试车场内的交通路，设置各种无超高弯道后，可兼作操纵稳定性试验路。

表15-3　汽车道路试验场规模

试验场名称	类型	占地面积/km^2	建成时间/年	试验道路/km
通用汽车公司蜜尔福德	综合	16	1924	172.8
通用亚利桑那沙漠	热带	19.69	1953	112
福特亚利桑那尤卡	热带	15.36	1955	80
福特汽车公司罗密欧	综合	15.6		
克莱斯勒汽车公司切尔西	综合	16	1954	72
克莱斯勒汽车公司威特曼	热带	6	1984	32
英国汽车工业研究协会	综合	2.5		
大众 Ehra-Lessie	综合	10.5	1967	96
海南汽车试验场	综合	0.68	1987	
襄樊汽车试验场	综合	1.93	1992	
定远汽车试验场	综合	7.0	1990	
交通部公路交通试验场	综合	2.4	1998	

2）高速环形跑道。以持续高速行驶为目的的高速环道，是试车场的主体工程，形状和大小视场地条件而异，多采用两端圆形路和中间直线路相结合。

3）扭曲试验路。扭曲路由左、右两排互相交错分布的凸块组成，凸块形状有正弦波形状、环锥形和梯形等。汽车在这种道路上行驶时，车身和车架、前轴、后轴、悬架、汽车传动系统都产生强烈的扭曲，以考验这些部件的强度和各系统的连接强度和干涉等。

任务二 汽车路试

任务描述

本任务要求掌握汽车路试的含义，了解汽车路试的目的，掌握汽车路试的整个流程。

学习引导

汽车道路试验简称汽车路试。因为汽车的使用条件十分复杂，所以汽车路试是汽车试验工作中一个不可缺少的环节。汽车路试是一项内容相当广泛的工作，从实际使用条件下的测试到试验场地测试，测试项目繁多，测试条件变化范围大，测试方法及使用的仪器设备随着测试要求的不同也是多种多样。汽车路试的基本目的就是了解新设计的、已生产的或改进的汽车是否符合使用要求和使用条件，发现存在的缺陷与问题，通过比较和反复试验，找到改进、提高的措施。

汽车路试主要测定以下几个方面的能力：

（1）汽车的动力性 汽车的动力性包括加速性能、最高车速、最低稳定车速、爬坡能力、牵引性能等。

（2）汽车的燃油经济性 汽车的燃油经济性包括等速行驶的燃料经济特性、各种路面情况下的平均使用耗油量、加速状态下的燃料消耗量等。

（3）汽车的制动性 汽车的制动性包括汽车的冷制动器制动效能、连续制动后的制动热衰退与恢复性能、停车制动器的效能等。

（4）汽车的通过性 汽车的通过性包括对复杂地形的通过能力和对松软地面的通过能力及汽车的自救能力等。

（5）汽车的操纵性 汽车的操纵性包括汽车的机动性、操纵轻便性与操纵稳定性等。

（6）汽车的行驶平顺性 汽车的行驶平顺性包括在各种典型路面上，乘员和货物所受的振动负荷和振动的衰减情况。

（7）汽车的稳定性 汽车抗侧翻的能力。

（8）汽车在特殊条件下工作的适应性 汽车在特殊条件下工作的适应性包括在寒冷气候条件下，汽车发动机的起动性能。

（9）汽车的耐久性 汽车的耐久性包括长期使用中，汽车各主要运动件摩擦副的耐磨性、零件的耐疲劳性、非金属件的抗老化能力及汽车大修里程的确定等。

上述这些汽车性能试验要针对具体车型、具体情况有选择地进行试验。

汽车路试应针对不同的试验对象、不同的试验目的，制订特定的试验大纲，对试验程序、试验项目、试验条件、试验方法等方面做出恰如其分的规定。针对一个汽车产品，就其发展过程的各个阶段，可将汽车道路试验工作分为几类，每类试验都有一定的特点和做法。

目前整车制造公司进行路试的主要目的是评价汽车的操控性能,合资公司一般建有包含各种特征路面的专用汽车试验跑道,根据生产的不同车型,典型路面设置与试车跑到长度也有所不同,轿车试车跑道多为1000~1500m,设有高速直行路段、蛇形路段、涉水池、低附着系数路面、高附着系数路面、起伏路面、鱼鳞坑路面、卵石路面、扭曲路面、冲撞路面等。

路试检验评价的内容十分广泛,检验评价以试车员的主观评价为主,不少汽车公司已开始研发汽车出厂路试检验专用设备。

项目小结

1)根据道路模拟机对被试车辆的输入结构形式的不同,将其分为轮耦合和轴耦合两大类。

2)汽车试验场的主要试验设施是集中修筑各种各样的试验道路,包括汽车能持续高速行驶的高速环形道路,可造成汽车强烈颠簸的凸凹不平路,以及易滑道、陡坡、转向广场等。

3)汽车道路试验场按功能的不同可分为两类,即综合性试验场和专用试验场,以规模大小分类,可分为大型、中型和小型试验场。

4)由于规模和功能的差别,各汽车道路试验场的试验道路和设施的种类、几何形状、路面参数等各有不同,主要分为:普通路环道、高速环形跑道和扭曲试验路。

5)目前整车制造公司进行路试的主要目的是评价汽车的操控性能。根据生产的不同车型,典型路面设置与试车跑到长度也有所不同,一般设有高速直行路段、蛇形路段、涉水池、低附着系数路面、高附着系数路面、起伏路面、鱼鳞坑路面、卵石路面、扭曲路面、冲撞路面等。

复习思考题

1. 淋雨检测有什么条件要求?
2. 简述淋雨检测的方法。
3. 汽车路试有什么作用?
4. 简述汽车路试的整个流程。

参 考 文 献

[1] 汽车工程手册编辑委员会. 汽车工程手册 [M]. 北京：人民交通出版社, 2001.
[2] 徐兵. 机械装配技术 [M]. 北京：中国轻工业出版社, 2005.
[3] 杨旭, 吴书豪. 汽车装配与调试 [M]. 天津：天津科学技术出版社, 2013.
[4] 付百学. 汽车试验技术 [M]. 北京：北京理工大学出版社, 2007.
[5] 王宝玺. 汽车拖拉机制造工艺学 [M]. 北京：机械工业出版社, 2004.
[6] 曾东建. 汽车制造工艺学 [M]. 北京：机械工业出版社, 2006.
[7] 华健. 现代汽车制造工艺学 [M]. 上海：上海交通大学出版社, 2005.
[8] 黄祥成. 钳工装配问答 [M]. 北京：机械工业出版社, 2000.
[9] 韩英淳. 汽车制造工艺学 [M]. 北京：人民交通出版社, 2005.
[10] 李梦群, 庞学慧, 王凡. 先进制造技术导论 [M]. 北京：国防工业出版社, 2005.
[11] 何涛, 杨竞, 范云. 先进制造技术 [M]. 北京：北京大学出版社, 2006.
[12] 姚贵升. 汽车工程手册：制造篇 [M]. 北京：人民交通出版社, 2001.
[13] 李香桂, 霍守成. 汽车装配技术 [M]. 南京：南京大学出版社, 2013.
[14] 陈心赤. 汽车装配工艺编制与质量控制 [M]. 重庆：重庆大学出版社, 2011.
[15] 姚明傲. 汽车装配与调试技术 [M]. 北京：北京航空航天大学出版社, 2012.
[16] 潘启平. 装配钳工技能训练 [M]. 北京：北京航空航天大学出版社, 2013.
[17] 贺展开. 汽车装配技术 [M]. 北京：机械工业出版社, 2012.
[18] 严朝勇. 汽车测试技术 [M]. 重庆：重庆大学出版社, 2009.
[19] 杨智勇. 汽车涂装技术 [M]. 北京：北京理工大学出版社, 2005.
[20] 赵桂范, 杨娜. 汽车制造工艺 [M]. 北京：北京大学出版社, 2008.